**Meher Baba**
*Pune, mayo de 1957*

MEHER BABA

# EL TODO
# Y
# LA NADA

editorial Kairós

Título original: THE EVERYTHING AND THE NOTHING

© 1963 Meher House Publications, Beacon Hill, Australia.

© 1989 Avatar Meher Baba Perpetual Public Charitable Trust,
Ahmednagar, India

© de la presente edición en lengua española:
2010 by Editorial Kairós, S.A.

Editorial Kairós, S.A.
Numancia 117-121, 08029 Barcelona, España
www.editorialkairos.com

Nirvana Libros S.A. de C.V.
3ª Cerrada de Minas 501-8, CP 01280 México, D.F.
www.nirvanalibros.com.mx

Traducción y Revisión:
Fundación para las Artes
Amigos del Amigo Avatar Meher Baba

ISBN: 978-84-7245-755-3
Depósito legal: B-44.425/2010

Tipografía: Palatino
Impresión: Romanyà-Valls. Verdaguer, 1. 08786 Capellades

# SUMARIO

# INTRODUCCIÓN

Estos Discursos fueron dados durante los dos o tres últimos años a sus discípulos, por alguien que no necesita presentación porque es el Ser de cada ser y tiene su morada en todos los corazones; pero ya que hemos olvidado esto, él se ha presentado de nuevo a los hombres como el Antiguo, que es antes de que todas las cosas sean y será después de que todas las cosas hayan dejado de existir.

En épocas pasadas, fue conocido como Jesús el Cristo y Gautama el Buda y Krishna el Amante y Rama el Rey. Esta vez se llama Meher Baba. Más tarde, después de que haya abandonado su cuerpo mortal, los hombres probablemente añadirán a su nombre 'El que Despierta', toda vez que ya que él ha dicho "no he venido a enseñar, sino a despertar".

Meher Baba afirma que es Dios, la Verdad Absoluta, y dice haber tomado forma sólo a causa de su compasión por la humanidad que sufre. El sufrimiento del hombre es inmenso. A pesar de los programas de propaganda que dicen 'las cosas nunca han estado mejor', el sufrimiento del hombre es tan grande que ha ideado los medios de auto-aniquilación para extinguirse a sí mismo y a su semilla completamente. La pregunta que ahora ocupa las mentes de todos los pensadores es cómo podrá ser evitada esta destrucción, ya que el poder de llevarla a cabo está en manos de hombres no dotados moralmente para custodiar tal poder.

Esta forma de pensar no se encuentra en vertientes claras, sino más bien en las contra-corrientes de un mar agitado en busca de un cauce que fluya hacia Algo que pueda garantizar la continuidad de la existencia. Para los creyentes religiosos, este Algo tiende a tomar la forma de Alguien, el Salvador del mundo prometido por todas las religiones.

Meher Baba dice ser este Algo o Alguien: "Yo soy Aquel a quien tantos buscan y tan pocos encuentran".

Naturalmente, muchos no aceptarán esta afirmación. De hecho, mientras todos los hombres rezan para que Alguien o Algo salve al mundo, ¡algunos rezarán para que este Hombre sea salvado del gigantesco fraude de creerse Dios!

Pero la Verdad nunca ha esperado a que nosotros la aceptemos, sino que, así como el viento se mece por donde le place, así Ella se proclama a Sí misma según su propia dulce voluntad y capricho. Es tan natural para el Dios-Hombre afirmar "Soy Dios", como para nosotros afirmar "soy hombre". Y sería tan ridículo para el Dios-Hombre decir, "no Soy Dios", como sería para nosotros decir, "no soy hombre". Nuestra ignorancia de las Verdades divinas es colosal y nuestras ideas acerca de Dios son muy elementales.

Requiere de cierto valor aceptar a Dios como Dios-Hombre, ya que la aceptación significa la entrega de la vida del ego individual. Sin embargo, dado que nuestras preciadas vidas no se encuentran más en nuestras manos, sino en las del primero que dé la orden de apretar botones, ¡la entrega no es tan difícil!

Más valientes aún que quienes se entregan al Dios-Hombre, parecerían ser quienes, esperando un Algo o Alguien, permanecen fieles a su expectativa al negar el hecho del Advenimiento del Dios-Hombre porque no pueden probar que no es lo que él proclama ser.

Y tal vez más audaces, son aquellos que continúan persiguiendo las luces falsas del progreso material de occidente, mientras la bella y silenciosa Persona de Dios ya ha encendido el cielo oriental con el Amanecer de una Nueva Humanidad. Ahora el Sol de su Palabra se extenderá por el mundo, y su Gloria será manifestada a todos.

Entretanto, los Discursos en este libro –dictados en silencio por Meher Baba mediante gestos manuales– podrían considerarse como indicios de la Única Palabra de Verdad que él pronunciará cuando rompa su Silencio y manifieste su Divinidad a los hombres. *El Todo y la Nada* constituye una preparación de la mente y el corazón para recibir esa Única Palabra de Verdad cuando él la pronuncie.

*Francis Brabazon*
1° de noviembre de 1962

# INTRODUCCIÓN A LA NUEVA EDICIÓN

Entre el puñado de libros escritos por Meher Baba, se encuentra esta pequeña joya. Aunque sólo consta de 136 páginas de texto, *El Todo y la Nada* contiene un espectro tan amplio que puede mantenerle a uno el corazón y la mente ocupados por muchas horas.

*El Todo y la Nada* está repleto de ideas frescas. Posee gran dulzura, inspiración y lírica; todo asentado en la claridad del conocimiento verdadero.

Recopilado a partir de mensajes dados por Meher Baba a finales de los '50 y principios de los '60, *El Todo y la Nada* es la mejor fuente singular de la sabiduría expresada por Meher Baba en sus últimos años.

*Ann Conlon*
Myrtle Beach, Carolina del Sur
17 de octubre de 1989

# 1

## EL AMANTE Y EL AMADO

Dios es Amor. Y el Amor tiene que amar. Y para amar debe haber un Amado. Pero puesto que Dios es Existencia infinita y eterna, no hay a quien amar sino a Él mismo. Y para poder amarse debe imaginarse a Sí mismo como el Amado a quien, como Amante, Él imagina amar.

Amado y Amante implica separación. Y la separación crea el anhelo, y el anhelo causa la búsqueda. Y cuanto más amplia e intensa la búsqueda, mayor la separación y más terrible el anhelo.

Cuando el anhelo alcanza su máxima intensidad, la separación es completa y el propósito de la separación, que era que el Amor pudiese experimentarse a sí mismo como Amante y Amado, es cumplido; y la unión llega. Y cuando se logra la unión, el Amante sabe que siempre fue el Amado al que amaba y con quien deseaba unirse; y que todas las situaciones imposibles que tuvo que superar, eran obstáculos que él mismo había puesto en el camino hacia sí mismo.

Lograr la unión es tan imposiblemente difícil, ¡porque es imposible convertirse en lo que ya se es! La Unión no es sino el conocimiento de uno mismo como el Único.

# 2

# VINO Y AMOR

Los maestros poetas sufíes a menudo comparan el amor con el vino. El vino es la metáfora más adecuada para el amor pues ambos embriagan. Pero mientras el vino provoca el olvido de uno mismo, el amor conduce a la Realización del Ser.

La conducta del ebrio y del amante son similares, ya que ambos hacen caso omiso de las normas de conducta del mundo y ambos son indiferentes a la opinión de los demás. Pero hay una enorme diferencia entre el camino y la meta de los dos: uno conduce hacia la oscuridad subterránea y la negación; el otro le da alas al alma para su vuelo hacia la libertad.

La embriaguez del ebrio empieza con una copa de vino que exalta su espíritu y desata sus emociones y le brinda una nueva visión de la vida que promete un olvido de sus preocupaciones diarias. Pasa de una a dos copas, y luego a una botella; del compañerismo al aislamiento, del olvido a la inconsciencia –inconsciencia que es en realidad el Estado Original de Dios, pero, para el ebrio, no es más que un estupor vacío– y por último termina durmiendo en una cama o en una cuneta. Y despierta en un amanecer de futilidad, siendo objeto de repugnancia y ridículo para el mundo.

La embriaguez del amante comienza con una gota del amor de Dios que le hace olvidar el mundo. Cuanto más bebe, más se acerca a su Amado, y más indigno se siente del amor del Amado; y anhela sacrificar su propia vida a los pies del Amado. Tampoco él sabe si duerme en una cama o en una cuneta, y se convierte en objeto de ridículo para el mundo; pero reposa dichoso, y Dios, el Amado, cuida de su cuerpo, al que no pueden alcanzar las inclemencias ni las enfermedades.

Uno entre muchos de tales amantes, ve a Dios cara a cara. Su anhelo se vuelve infinito; es como un pez arrojado sobre la playa, saltando y retorciéndose para ganar de nuevo el océano. Ve a Dios en todas partes y en todo, pero no puede encontrar la puerta de la unión. El Vino que bebe se convierte en Fuego, donde él arde continuamente en dichosa agonía. Y el Fuego con el tiempo se convierte en el Océano de Consciencia Infinita en el cual él se ahoga.

# 3

# ETAPAS DEL AMOR

Cuando la lujuria se va, el amor aparece; y del amor surge el anhelo. En el amor nunca puede haber satisfacción, ya que el anhelo aumenta hasta volverse una agonía que sólo cesa en la Unión. Nada sino la unión con el Amado puede satisfacer al amante.

El camino del amor es un sacrificio continuo; y lo que se sacrifica son los pensamientos del 'yo' del amante, hasta que por fin llega el momento en que el amante dice "¡Oh Amado! ¿Llegaré alguna vez a ser uno contigo y así perderme para siempre? Pero que esto así sea únicamente si es tu Voluntad". Esta es la etapa del amor iluminado por la obediencia.

Ahora el amante atestigua continuamente la gloria de la Voluntad del Amado; y ni aun presenciándola, piensa en la unión. Voluntariamente entrega la totalidad de su ser al Amado abandonando todo pensamiento de sí mismo. Esta es la etapa en la que el amor es iluminado por la entrega.

Entre millones solamente uno ama a Dios; y entre millones de amantes, sólo uno logra obedecer y finalmente entregar su ser entero a Dios, el Amado.

Yo soy Dios personificado. Ustedes, que tienen la suerte de estar en mi presencia viva, son afortunados y son bendecidos.

# 4

# REGALOS DE AMOR

El amor es un regalo de Dios al hombre.
La obediencia es un regalo del Maestro al hombre.
La entrega es un regalo del hombre al Maestro.

El que ama desea la voluntad del Amado.
El que obedece hace la voluntad del Amado.
El que se entrega no conoce nada, sino la voluntad del Amado.

El amor busca la unión con el Amado.
La obediencia busca el placer del Amado.
La entrega no busca nada.

Quien ama es el amante del Amado.
Quien obedece es el amado del Amado.
Quien se entrega no tiene otra existencia que el Amado.

Mayor que el amor es la obediencia.
Mayor que la obediencia es la entrega.
Los tres surgen del océano del amor divino y permanecen en él.

# 5

# AMOR A UNA MUJER
# Y AMOR A DIOS

Un hombre ama a una mujer que vive en un lugar distante. Su amor hace que piense en ella todo el tiempo, siéndole imposible comer y dormir. Sus pensamientos están sólo dedicados a la separación y continuamente la anhela. Cuando este anhelo se vuelve demasiado grande, él va a su encuentro, o la apremia a ella a reunirse con él. Esto se llama Ishk-e-Mijazi o amor físico.

Para amar a Dios, uno debe pensar en Dios, anhelar a Dios y sufrir el fuego de la separación, hasta que este anhelo alcance sus máximos límites, y entonces Dios, el Amado, viene al amante y su sed es saciada en la unión con Dios. Este amor se llama Ishk-e-Haqqiqi, y es un regalo de Dios.

Pero quien obedece al Maestro que es Uno con Dios, no necesita padecer nada de esto, pues en la obediencia se encuentra la Gracia del Maestro.

# 6

# DIOS ES TÍMIDO
# ANTE LOS EXTRAÑOS

Dios existe. Si están convencidos de la existencia de Dios, entonces les corresponde buscarlo, verlo y realizarlo.

No busquen a Dios fuera de ustedes mismos. Dios sólo puede ser encontrado dentro de ustedes, pues su única morada es el corazón.

Estos extraños son sus antiguos deseos, sus millones de carencias. Son extraños a Dios, porque el querer es una expresión de carencia y es fundamentalmente ajeno para Quien es Todo-suficiente y carente en nada. La honestidad en su trato con los demás vaciará su corazón de extraños.

Entonces Lo encontrarán, Lo verán y Lo realizarán.

# 7

# HONESTIDAD ABSOLUTA

La honestidad absoluta es esencial en la búsqueda de Dios (la Verdad). Las sutilezas del Sendero son más finas que un cabello. La menor hipocresía se convierte en una ola que lo arrastra a uno fuera del Sendero.

Es el yo falso quien los mantiene apartados del Yo verdadero mediante todas las artimañas que conoce. Disfrazado de honestidad, este yo se engaña aun a sí mismo. Por ejemplo, su yo afirma: "amo a Baba". El hecho es que si realmente amaran a Baba su falso yo no sostendría tal afirmación. El yo, en lugar de desvanecerse en el amor, cree y afirma: "yo amo a Baba". ¿No es eso un auto-engaño?

¿Cómo librarse de este falso yo? ¿Cómo abandonar a este oscuro estado de yo-soy para así alcanzar el estado de Sólo-Yo-Soy o Sólo-Dios-Es? Hafiz[1] ha dado la respuesta: Firaq-o-Wasl che khahi, reza-e-doost talab. (¡Oh amante! La separación y la unión no te incumben. Busca solamente resignarte a la voluntad del Amado).

Incluso el anhelo de unión con el Amado crea ataduras. Por lo tanto no se preocupen por la separación o la unión; simplemente amen y amen cada vez más. Entonces, a medida que aman más y más, son capaces de resignar su propio yo y su Sendero al Maestro Perfecto que es el Camino; y experimentan un cambio gradual y su ego se afirma cada vez menos. Así serán capaces de cumplir cualquier cosa que el Maestro Perfecto les diga. Al principio la mente refunfuña: ¿Por qué debo obedecer a alguien? Pero Hafiz consuela a la

---

1 *Hafiz: Poeta persa y Maestro Perfecto.*

mente diciendo: ¡Oh mente! sólo esta esclavitud al Maestro puede dar la Libertad eterna.

Los escogidos del Maestro Perfecto le obedecen implícitamente. Aquel que llega a ser el 'esclavo' perfecto se convierte en un Maestro Perfecto.

# 8

# NO TENGAN NI PIES NI CABEZA

Hay dos clases de experiencia: real e imitación. Así como es difícil distinguir una imitación de una perla auténtica, del mismo modo es difícil distinguir entre una imitación y una verdadera experiencia espiritual.

Cuando finalmente se obtiene la Experiencia Verdadera, las circunstancias y las cosas mundanas ya no les pueden afectar. Una vez lograda, la Experiencia Verdadera jamás se pierde, es permanente. Para obtener esta Experiencia Hafiz ha dicho: No tengan ni pies ni cabeza.

¿Qué significa no tener ni pies ni cabeza? Significa obedecer implícitamente al Maestro Perfecto, siguiendo Sus órdenes literalmente sin usar la cabeza para analizar su significado, haciendo sólo lo que Él quiere que hagan, moviendo los pies a Su orden y viviendo sus vidas en la senda de Su Amor.

# 9

# UN VIAJE SIN VIAJAR

La sucesión de experiencias por las que uno pasa en el proceso de involución se llama Sendero Espiritual, y pasar por estas experiencias es semejante a un viaje. En una etapa se oyen sonidos melodiosos y música que encantan y abruman. En otra etapa observan maravillosas visiones en las que la mayoría de las veces se pierden. Tales experiencias son parte y porción del Gran Sueño en la Ilusión, aunque en conjunto pueden ser llamadas Sueño real o súper Sueño en comparación con las experiencias cotidianas de la esfera densa.

Las experiencias son tan innumerables y variadas que el viaje parece interminable y la Meta siempre está fuera de la vista. Pero lo maravilloso de esto es que cuando por fin llegan a la Meta, se dan cuenta que nunca han viajado. Fue un viaje desde aquí hasta Aquí. Tal como lo expresó un sufí: Cuando coseché el dátil (Fruto de la Realización) descubrí que el fruto estaba dentro de mí.

El viaje parece infinitamente largo mientras van pasando a través de las experiencias-sueño de la reencarnación y de los seis planos de involución, hasta que finalmente se sumergen dentro de su ser para emerger como Ser. Pero el viaje no es, a fin de cuentas, un viaje, es simplemente el momento de su impulso para despertar del Sueño y establecerse en la realidad del Estado de Dios de Consciencia Infinita. Despertar significa experimentar conscientemente el Estado de sueño profundo de Dios. Al despertar encuentran que el Gran Sueño conteniendo todos los variados aspectos ilusorios del soñar, se ha desvanecido para siempre. El cielo y el infierno, al igual que todos los planos, se desvanecen dentro del Ser, para permanecer como nada. En este Estado Despierto no hay lugar para nada, excepto para el Ser, la Existencia eterna e infinita.

Esta es la única Experiencia digna de ser experimentada y a la cual hay que aspirar. Para alcanzar esta Experiencia es necesario convertirse en polvo a los pies del Maestro Perfecto, lo cual equivale a convertirse en nada. Y, cuando se convierten en absolutamente nada, se convierten en Todo.

# 10

# EL HOMBRE INQUISITIVO
# Y ESCÉPTICO

Una vez un hombre inquisitivo y escéptico fue a ver a Bayazid, el Maestro Perfecto, y le dijo: "Tú, siendo Perfecto, debes conocer los pensamientos de los demás. ¿Qué estoy pensando justo ahora?". Bayazid respondió: "Estás pensando en lo que no deberías haber pensado y preguntando lo que no deberías haber preguntado. Si hubieses venido con la mente abierta y la lengua contenida, hubieses recibido lo que deberías haber recibido, en lugar de esta bien merecida reprimenda".

# 11

# TRES TIPOS DE
# EXPERIENCIAS DE POCO VALOR

En cierta etapa del viaje espiritual, hay una experiencia en la que todas las cosas se desvanecen gradualmente ante los ojos físicos del aspirante, dejando un vacío frente al cual siente miedo o pánico. Pero al momento siguiente, un loto aparece dentro del vacío. Esta experiencia no es duradera, el loto desaparece y todas las cosas empiezan a reaparecer.

Hay otro tipo de experiencia que deslumbra por completo al aspirante, de tal forma que todo lo demás es borrado de su consciencia. Es un estado de coma consciente. Incluso físicamente hay una suspensión brusca, y cualquiera que sea la postura del cuerpo en el momento en que tal experiencia llega, es mantenida hasta el final del coma. Por ejemplo, si en ese momento la mano está en una posición levantada, permanecerá levantada hasta el final del coma, que puede ser de corta duración o extenderse por varios años.

Hay aun otra clase de experiencia. Es la experiencia del cuarto plano. Aquí el Poder Infinito está en las manos de uno y esto entraña un gran riesgo para el aspirante.[2] Después de cruzar el cuarto plano, uno besa el umbral de la Morada de Dios. Pero, como ha dicho Hafiz, justo antes del 'beso' está la bóveda del cielo (asman) donde te sientes todopoderoso, pero el más mínimo abuso de ese poder te arrastrará al polvo.

Así, en este sendero espiritual hay tres tipos de experiencias de poco valor. La experiencia del primero causa miedo,

---

2  *Mayores detalles en* Dios Habla, *de Meher Baba*

la del segundo deslumbra; y con el tercero existe el riesgo de una inmensa caída.

El Maestro Perfecto (Qutub) no hace pasar conscientemente al aspirante a través de los planos. Para el Maestro Perfecto es un juego de niños conceder experiencias intermedias de los planos. Pero el Maestro Perfecto no está interesado en dar una 'gota'; cuando Él da, da el 'Océano'. Para hacerlo, espera de Sus discípulos obediencia completa en el amor incondicional. Cuando esto se cumple, en un momento eleva al discípulo al máximo nivel, que es la Experiencia de la Consciencia Infinita del estado de ¡Yo Soy Dios!

# 12

## TRES TIPOS DE...

DISCÍPULOS:
Los que no dan pero piden.
Los que dan pero también piden.
Los que dan y nunca piden.

BUSCADORES:
El buscador intelectual.
El buscador inspirado que es un intelectual.
El buscador inspirado.

YOGUIS:
Los que dominan los ejercicios del Yoga con el solo fin de adquirir poderes ocultos.
Los que anhelan la Meta y también poderes ocultos.
Los que anhelan la Meta sin pensar en poderes ocultos.

AMANTES:
El mast[3] que ama y conoce solamente a Dios. Él pierde toda consciencia de su cuerpo y de su entorno, y está muerto para sí mismo y para el mundo. Para él sólo existe Dios.

El que vive en el mundo, cumpliendo con sus deberes y responsabilidades mundanas al ciento por ciento; pero siempre es consciente de que todo es pasajero y sólo Dios existe. Ama a Dios sin que otros se percaten de ello.

El que se entrega completamente al Dios-Hombre (el Cristo o Avatar). Ya no vive más para sí mismo, sino para

---

3   *Mast: Un embriagado de Dios.*

el Dios-Hombre. Este tipo de amante es el más elevado y menos común.

RENUNCIANTES:
Los que hacen a toda costa lo que el Maestro les pide, pero esperan recompensa.

Los que hacen lo que el Maestro pide, sacrificando todo y sin esperar recompensa; pero lo hacen porque su entrega al Maestro se lo exige.

Los que no piensan en su entrega y están resignados a la Voluntad del Maestro tan completamente, que las preguntas de cómo, por qué o cuándo nunca entran en sus mentes. Estos son los 'esclavos afortunados' en los que Hafiz nos aconseja convertirnos:

*Mazan ze choono-chera dam ke banda-e-muqbil;*
*Ze jan qabul kunad har sukhan ke Sultan guft.*

"Como corresponde a un esclavo afortunado,
lleven a cabo toda orden del Maestro sin ninguna
pregunta sobre el por qué o el qué."

# 13

## NO BUSQUEN Y ENCONTRARÁN

'Busca y encontrarás' se ha vuelto una expresión tan común, que aspirantes espirituales han empezado a preguntarse lo que significa. A ellos digo: No busquen y encontrarán.

No busquen el placer material y encontrarán el tesoro espiritual. Esto significa: busquen sólo a Dios sin buscar placeres materiales, y encontrarán a Dios.

Sólo se puede buscar a Dios a través de la propia negación. El tesoro espiritual no se puede obtener por el simple hecho de extender la mano para lograrlo. Sólo en la totalidad de la propia negación puede volverse evidente el tesoro espiritual.

Hay tres maneras de obtener el tesoro espiritual:

Ganarlo uno mismo por la propia negación.

Recibirlo como un regalo espontáneo de Dios entregado a Su amante, cuyo ser se ha desvanecido en la intensidad de su anhelo por su Amado.

Heredarlo directamente del Maestro Perfecto, que lo lega a aquellos que permanecen completamente resignados a Su voluntad.

Por lo tanto, si desean encontrar el tesoro, dejen de buscar el placer material. Busquen el reino del Cielo, no buscando el reino de la tierra, y lo encontrarán.

# 14

# DIOS BUSCA

El humor del divino juego de amor, está en que Aquel que es buscado es Él mismo el buscador. Es el Buscado quien impulsa al buscador a preguntar: ¿Dónde puedo encontrar a Aquel que busco? El buscador que pregunta: "¿Dónde está Dios?", es realmente Dios diciendo: "¿Dónde está de verdad el buscador?".

# 15

## EL BUSCADOR DE PERLAS

*"Cuando me volví un amante pensé haber obtenido la Perla de la Meta; necio de mí, ignoraba que esta Perla yace en el fondo de un océano con innumerables olas que enfrentar y grandes profundidades que sondear."*

HAFIZ

Al principio el buscador de la Verdad es como un hombre quien, habiendo oído que una perla de valor incalculable puede recogerse en las profundidades del océano, va hasta la orilla del mar y primero admira la vastedad del océano y entonces chapotea y salpica en la orilla, y embriagado con esta nueva excitación, se olvida de la perla.

De muchos que hacen esto, uno, después de un tiempo, recuerda su búsqueda, aprende y comienza a nadar.

De muchos que hacen esto, uno se vuelve nadador experto y llega a mar abierto; los otros perecen en las olas.

De muchos nadadores expertos, uno empieza a bucear; los otros, entusiasmados con su destreza natatoria, otra vez olvidan la perla.

De muchos que practican el buceo, uno alcanza el fondo del océano y toma la perla.

De muchos que toman la perla, uno nada de regreso a la superficie con ella; los otros permanecen atrapados en el fondo, observando con asombro la perla.

De muchos que nadan hasta la superficie, uno regresa a la orilla. Este es el Maestro Perfecto (Qutub) y Él enseña Su perla a los demás: los buceadores, los nadadores, los chapoteadores, y así los anima en sus esfuerzos. Pero Él puede si lo desea, ocasionar que otro se vuelva poseedor de la perla sin que tenga que aprender a nadar y bucear.

Pero el Dios-Hombre o Avatar es el Maestro de Maestros (Qutub-al-Aktab) y puede dar posesión de la Perla a cuantos guste. El Qutub es Perfección perfecta, pero está restringido por Su cargo respecto a Su ayuda a los hombres. El Avatar está más allá de los límites de función; Su poder y los efectos de Su poder son ilimitados. La absoluta Perfección del Maestro Perfecto es la misma que la del Dios-Hombre. La diferencia entre ellos está en el alcance de su función. Una es limitada, la otra es ilimitada.

# 16

## LOS CUATRO VIAJES

Dios es Infinito y Su Sombra también es infinita. La Sombra de Dios es el Espacio Infinito que aloja la Esfera Densa infinita, la cual, con sus acontecimientos de millones de universos, dentro y fuera del alcance del conocimiento de los hombres, es la Creación que fue emitida desde el Punto de Finitud en la infinita Existencia que es Dios.

En estos millones de universos hay muchos sistemas con planetas, algunos en estado gaseoso, algunos en estado sólido, algunos que son roca y metal, algunos que tienen también vegetación, algunos que también han desarrollado formas de vida tales como gusanos, algunos también peces, algunos también aves, algunos también animales, y unos pocos que también tienen seres humanos.

Así es que en todas las miríadas de universos hay planetas en los cuales los "Siete Reinos" de la Evolución se manifiestan; y donde la evolución de la Consciencia y las Formas se completa.

Pero es solamente en el planeta Tierra donde los seres humanos se reencarnan y comienzan el Sendero de la Involución hacia la Auto-Realización.

La Tierra es el Centro de esta Esfera Densa Infinita de millones de universos, puesto que es el Punto al cual todas las almas con consciencia humana deben emigrar para iniciar el Sendero de la Involución.

Este Sendero de la Involución tiene siete Estaciones y con la llegada a la séptima Estación se completa el Primer Viaje hacia Dios.

Aunque la culminación de este Viaje es la Meta de todas las almas humanas, sólo muy pocas lo emprenden en un momento dado. La llegada al final de este Viaje es ahogar la individualidad en el Océano de Consciencia Infinita, y la culminación del Viaje es la absorción del alma en el estado de Yo-soy-Dios con plena consciencia, y, como Dios, experimenta Poder, Conocimiento y Dicha Infinitos.

De todas las almas que completan el Primer Viaje, muy pocas emprenden el Segundo Viaje. Este Viaje no tiene estaciones. Es un viaje instantáneo; el viaje de la Consciencia infinita siendo sacudida de su absorción en Yo-soy-Dios, para morar en Dios como Dios. En este estado la individualidad es recobrada, pero la individualidad es ahora infinita, y esta Infinitud incluye la Consciencia Densa, experimentando así como Hombre y como Dios, Poder, Conocimiento y Dicha Infinitos en medio de la Máxima finitud donde el Alma ilimitada conoce Su infinitud en medio de la limitación.

El Tercer Viaje es emprendido solamente por aquellos que han completado el Segundo Viaje y cuyo destino es sobrellevar la carga del ejercicio del Poder, Conocimiento y Dicha Infinitos y de esta forma vivir la Vida de Dios como Hombre y como Dios simultáneamente.

Sólo hay cinco Maestros de este tipo viviendo en la Tierra en cualquier momento dado, y ellos controlan el movimiento de los universos y los asuntos de los mundos de los hombres. Sólo cuando uno de estos CINCO MAESTROS PERFECTOS se desprende de Su cuerpo, puede uno de los que moran en Dios como Dios, avanzar y completar el Tercer Viaje para ocupar el Puesto vacante.

Es el deber de estos Cinco Maestros Perfectos precipitar el Advenimiento del Antiguo (Avatar) y entregarle el cargo de Su propia Creación.

Todos aquellos que viven la Vida de Dios en la Tierra y todos aquellos que moran en Dios como Dios en la Tierra,

# LOS CUATRO VIAJES

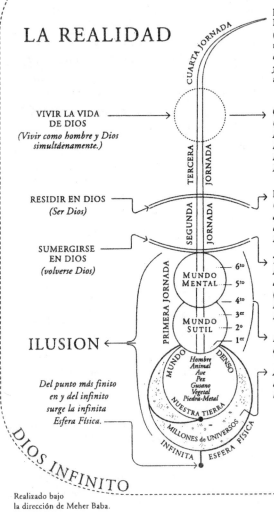

## LA REALIDAD

**DIOS INFINITO** — **DIOS INFINITO**

**CUARTA JORNADA**

**PASAR AL ESTADO DE DIOS COMO DIOS**
*(Dios se desprende de sus vehículos Físico, Sutil y Mental y experimenta Poder, Conocimiento y Dicha Infinitos, reteniendo infinita Individualidad.)*

**VIVIR LA VIDA DE DIOS**
*(Vivir como hombre y Dios simultáneamente.)*

**TERCERA JORNADA**

**QUTUBIAT**
*Que sólo cumplen los Cinco Maestros Perfectos. (Como Hombre y Dios, experiencia de Poder, Conocimiento y Dicha Infinitos y uso de ellos.)*

**RESIDIR EN DIOS**
*(Ser Dios)*

**SEGUNDA JORNADA**

**BAQA**
*Que poquísimas personas alcanzan. (Como hombre y Dios, experiencia de Conocimiento, Poder y Dicha Infinitos.)*

**SUMERGIRSE EN DIOS**
*(volverse Dios)*

**PRIMERA JORNADA**

**MUNDO MENTAL** — 6to — 5to — 4er

**7° Plano - FANA**
*Muy pocas personas llegan aquí, al fin de la primera jornada (Como Dios, experiencia de Poder, Conocimiento y Dicha Infinitos.)*

**MUNDO SUTIL** — 3er — 2° — 1er

**Planos** - que pocas personas emprenden.

**ILUSION**

**MUNDO DENSO**
Hombre
Animal
Ave
Pez
Gusano
Vegetal
Piedra-Metal
**NUESTRA TIERRA**

**A través de los cuales hay algunos planetas que contienen los Siete Reinos de la Evolución.**

*Del punto más finito en y del infinito surge la infinita Esfera Física.*

MILLONES de UNIVERSOS
INFINITA ESFERA FISICA

**DIOS INFINITO** — **DIOS INFINITO**

Realizado bajo
la dirección de Meher Baba.

cuando se desprenden de sus cuerpos, también se desprenden para siempre de sus vehículos Sutil y Mental y desaparecen completamente como Dios, reteniendo la Individualidad infinita y experimentando Poder, Conocimiento y Dicha Infinitos. Este es el Cuarto Viaje.

En realidad estos Cuatro Viajes nunca son recorridos, pues Dios no tiene a dónde viajar. Él es sin principio y sin fin. Y todo lo que tiene la apariencia de ser, apareció de Eso que no tiene principio y vuelve a Eso que no tiene fin.

# 17

## EL TABERNERO

Los poetas sufíes utilizan la imagen del vino y sus efectos para describir el Camino del Amor y la condición del amante. Saqi es el tabernero, Rind es el cliente y Maikhana es la taberna. Saqi-ul-Irshad es el vinicultor que elabora y vende el vino al por mayor: el Tabernero de los taberneros.

Así como en el mundo hay muchas tabernas en donde el vino joven y sin madurar, e incluso adulterado, es vendido a bajo precio, ocasionando la locura a quienes lo beben y destruyendo sus cuerpos y mentes, de igual modo en el Sendero Espiritual hay saqis que no han dejado madurar el vino de amor recibido del Saqi-ul-Irshad, y que lo han utilizado ellos mismos inmediatamente para obtener la embriaguez de experiencias espirituales de poco valor, añadiéndole incluso alcoholes puros para aumentar su potencia; y lo venden a cualquiera por monedas de poca monta.

Y de nuevo, así como hay tabernas en donde sólo el vino de buena cosecha es almacenado para conocedores, así también hay saqis que son santos y santos perfectos (walis y pirs) que tienen el vino maduro del amor por Dios únicamente, siendo el precio que han pagado por este, el sacrificio de cuanto les es cercano y querido; y este precio, a su vez, lo requieren a quienes acuden a ellos.

Entre aquellos que han pagado este precio a través de muchas vidas, uno tiene la rara fortuna de ser invitado por el Saqi-ul-Irshad a visitar su cava. Y le da a este una pequeña copa de su barrica especial, y esto lo subyuga completamente y queda fusionado con Dios. Y a uno de entre muchos íntimos así, lo hace como a sí mismo: un Saqi-ul-Irshad.

El Saqi-ul-Irshad es el Qutub, el Maestro Perfecto, quien es el pivote del Universo. Él es Todo-poder y tiene la autoridad de usarlo como le plazca. Nunca le concede a uno la embriaguez (masti), sino que ocasiona que uno vea a Dios cara a cara, y a algunos los hace uno con Dios. Como dice Hafiz:

"Quien es Saqi-ul-Irshad puede, con su mera mirada o deseo, transformar el polvo en la piedra filosofal que transmuta al simple metal en oro."

Y algunas veces sucede que hay alguien que ha servido fielmente al Saqi-ul-Irshad en vidas anteriores, y ahora ni siquiera tiene la recompensa del vino más barato, y el Maestro se acuerda de él y lo llama y le da el pequeño trago del Vino que da la Realización y, tal vez, hace de él un Saqi-ul-Irshad.

# 18

# EL UNO ILIMITADO ES EL SADGURÚ

Kabir dijo:

*Kan fooka Guru Had ka Behad Ka Guru nahee.*
*Behad ka Sadguru hai soch samaj mana mahee.*

"El Gurú que susurra al oído es de lo Limitado;
él no es de lo Ilimitado.
De lo Ilimitado es el Sadgurú.
Capten esto con claridad en la mente."

Aun cuando por 'susurrar al oído' Kabir se refiere específicamente a los gurús del 5° plano, los gurús del 6° plano también pueden ser incluidos, ya que ambos se encuentran en el dominio de lo Limitado.

Encontramos tres tipos de gurús o maestros en el mundo en todo momento:

El impostor;

El gurú genuino, pero limitado, el wali o maestro del 5° plano y el pir o maestro del 6° plano;

El gurú perfecto o Sadguru, que es Dios realizado.

Cuando un Wali está complacido con alguien, susurra o sopla una Palabra divina en su oído, o mira fijamente a los ojos de esa persona, elevando de esta forma su consciencia. En esta consciencia elevada, la persona puede leer fácilmente los pensamientos de quienes se encuentran cerca, con sólo desearlo. Esta ve luces de colores, y algunas veces ve el rostro del Wali dentro de la luz.

Cuando un wali está complacido con alguien, susurra o respira una Palabra divina en su oído, o mira fijamente a los ojos de esa persona y eleva la consciencia de dicha persona. En esta consciencia elevada la persona puede leer fácilmente los pensamientos de quienes se encuentran cerca si lo desea. Ve luces de colores y a veces ve el rostro del wali dentro de la luz.

Pero el wali puede elevar a alguien hasta su propio nivel de consciencia y hacer que se identifique a sí mismo con el cuerpo mental, y ve claramente sus cuerpos denso y sutil como prendas que viste. Aunque esta elevación de la consciencia de otro no es mero hipnotismo, sino el otorgamiento de una experiencia de un orden muy elevado, el estado que se disfruta, al estar dentro del dominio de la limitación (Had), es aún parte del espectáculo pasajero de la ilusión. El ángulo de visión simplemente ha cambiado de lo que era previamente. La vista es vastamente más grande, pero todavía se encuentra de frente a Maya[4] y de espaldas a Dios.

Un pir no usa ninguno de los métodos del wali. Cuando está complacido con alguien, puede pedirle un vaso de agua o una taza de té y dándole un trago o dos puede dársela a beber; o bien puede pedirle algo como un pañuelo o una bufanda, y después de usarlo por algún tiempo, devolvérselo. Mediante una acción así de insignificante en apariencia, el pir puede elevarlo a través de cualquiera de los planos inferiores, aun hasta su propio nivel, y hacer que dé un giro completo de manera que Maya quede para siempre detrás de él y tenga ante sí la indescriptible belleza y gloria de Dios.

En el transcurso de su vida un wali y un pir pueden elevar a una persona o a lo sumo a dos personas a su propio

---

4  *Maya: El Principio de la Ignorancia.*

nivel de consciencia. Un pir no puede llevar a nadie más allá del sexto plano, que denota el mismísimo borde de la Limitación. Hay un abismo por cruzar entre el sexto y el séptimo planos de la Consciencia, entre el último punto en la Limitación y la infinita Ilimitación, la Meta.

Un pir está él mismo en el reino de la dualidad y por ello no puede conducir a nadie al estado de Unidad de Consciencia Ilimitada; un Sadguru estando más allá de los confines de la Limitación, puede hacerlo y lo hace. Él utiliza infinitas maneras (incluyendo el contacto físico directo o tan sólo un simple deseo) para el otorgamiento de Su Gracia a aquellos que Él escoge, para hacerlos tras-cender la dualidad y fundirse en la Consciencia de Dios el Ilimitado (Behad).

Un wali o un pir requiere necesariamente la presencia física de la persona cuyo nivel de consciencia tiene la inten-ción de elevar. Pero el tiempo y el espacio no son obstácu-los para un Sadguru cuando desea otorgar Su Gracia a cual-quier persona o cosa. La persona en cuestión puede estar a miles de millas o ni siquiera en un cuerpo físico. Tan sólo un deseo del Sadguru puede instantáneamente establecer a ese individuo en particular en la consciencia del séptimo plano de la Ilimitación (Behad).

¿Pero dónde están estos planos y esferas? Todos están dentro de ustedes. No son conscientes de ellos porque di-ferentes estados de consciencia dan lugar a diferentes nive-les de consciencia. Por ejemplo, tomen una hormiga para re-presentar el primer plano, un perro para el tercer plano, un elefante para el quinto plano y un hombre para el séptimo plano de consciencia. La hormiga, el perro, el elefante y el hombre se mueven en la misma tierra, pero hay mundos de diferencia entre sus niveles de consciencia. Lo Limitado y lo

Ilimitado se encuentran dentro de ustedes. Más bien son ustedes, pero no los experimentan así por la falsedad adherida al 'Yo' Real, que lo lleva a interpretar el papel del 'Yo' falso.

Todas las perturbaciones están en las limitaciones de la consciencia. Un pir puede hacer que uno vea a Dios, pero aun entonces el 'Yo' real de uno todavía tiene falsedad adherida a él. Un Sadguru, en el momento preciso, retira en su totalidad toda falsedad. ¿Y cómo lo hace? Esto es inexplicable. Sólo quien es el Conocimiento Mismo puede hacer esto. Cuando la falsedad es desechada totalmente, la Individualidad Real se establece. Este es el estado de 'Yo soy Dios'.

La única manera de trascender los confines de la Limitación y establecerse en la Ilimitación, es volverse como polvo en el amor de uno hacia el Maestro Perfecto. Así Tukaram, uno de los Maestros Perfectos, ha dicho:

> *"Sadguru vachoni sapday-ne-soye,*
> *Dharave-te-paye adhee adhee."*

"Sin la Gracia del Maestro Perfecto no se puede hallar el camino hacia la Meta;

Antes y por encima de todo, aférrense firmemente a Sus pies."

# 19

# LA PRETENSIÓN DIVINA

Jesús tenía la consciencia de Cristo. Esto significa que Jesús tenía consciencia de Sí Mismo como Cristo. Jesús el Cristo estaba en Judas; y como Jesús el Cristo en Judas, sabía que Judas lo traicionaría. No obstante, permaneció como si no supiese nada.

Esta pretensión divina del Omnisciente es el principio de Su *Lilah*, el Deporte Divino del Cristo eterno.

# 20

# UNA SITUACIÓN

El saber del Alma, que sabe todo, es Dnyan (Conoci-miento). Dnyan es la experiencia Omnisciente del Alma. El Alma dice: "Ahora sé que sé todo". Que el Alma Omnisciente no supiera que sabe era pura imaginación.

¡Oh! tú ignorante, Alma Omnisciente;
en qué situación te encuentras;

¡Oh! Tú débil, Alma Todopoderosa,
en qué situación te encuentras;

¡Oh! Tú miserable, Alma plenamente feliz,
en qué situación te encuentras.

¡Qué situación!

¡Qué espectáculo!

¡Qué deleite!

# 21

# TRANSMITIR EL CONOCIMIENTO

El Conocimiento se transmite de dos formas: indirectamente y directamente. Hay dos pasos en la transmisión del Conocimiento indirecto y dos formas distintas en la transmisión del Conocimiento directo.

Con el objeto de obtener una representación clara, equiparemos la consciencia densa del ser humano común con la vida en una aldea remota, y la consciencia de Dios del ser realizado con la vida en Nueva York, y los seis estados de involución de la consciencia con las seis paradas o escalas entre ambos lugares.

Si vas a Nueva York como un aldeano y permaneces allí absorto en la vida de la ciudad, no serás capaz de contarles tu experiencia a los que se han quedado en la aldea. Pero si regresas a ella con tu nuevo conocimiento y al mismo tiempo recuerdas el modo de hablar y las costumbres de los aldeanos, podrás describirles lo que has visto y experimentado, y así animar a algunos de ellos a hacer el viaje también.

Pero no puedes mantener indefinidamente su interés sólo con descripciones, de modo que, con la ayuda de imágenes en color y un proyector, les proporcionas vistas reales de Nueva York. Esto lleva la Realidad más vívidamente a las mentes de los buscadores, e incita su interés para emprender el viaje.

Ahora bien, hay dos formas en las que el aldeano puede viajar: ya sea por sí mismo bajo tus direcciones, en cuyo caso está expuesto a los encantos de cada escala, aunque su amor y fe y completa confianza en ti lo salvarán de ser atrapado y nunca completar el viaje; o puedes llevarlo con los ojos vendados bajo tu cuidado personal, sin ver nada hasta que llega a Nueva York y le quitas la venda de los ojos. Esta es la forma más segura y rápida. Pero de cualquier manera, cuando llega a su destino ve y experimenta directamente toda la maravilla y grandeza que sólo había vislumbrado en la pantalla.

El conocimiento directo de Dios es aquel Conocimiento (Dnyan) obtenido mediante la experiencia de volverse uno con Dios y sólo puede conseguirse por la gracia del Maestro Perfecto. Pero el conocimiento indirecto, como el que se obtiene por medio de descripciones e imágenes, es sólo información para la mente.

Conocer la Realidad es convertirse en ella. Es lo más cercano a ti, pues en efecto, eres tú. Debido a la ignorancia, Dios, que es lo más cercano, aparenta ser lo más lejano. Pero cuando se desgarra el velo de la ignorancia por la Gracia del Maestro Perfecto, te vuelves tú mismo, el Ser Real que es la más intrínseca Realidad que eres, siempre fuiste y siempre serás.

# 22

# TIPOS DE CONOCIMIENTO

El Conocimiento es de tres tipos:

### 1- Conocimiento Material

De lo externo (Bahaya Dnyan): abarca el conocimiento concerniente a los temas mundanos (asuntos del mundo), obtenido naturalmente o adquirido por medio del estudio. Este saber es ignorancia de la Ignorancia.

### 2- Conocimiento Espiritual

De lo interno (Antar Dnyan): comprende las experiencias espirituales de los Planos Sutiles y de los Planos Mentales. Experimentar los Planos Sutiles es ignorancia del Conocimiento. Experimentar los Planos Mentales es conocimiento de la Ignorancia. Las experiencias internas de los Planos Sutiles puede decirse que son alucinación divina; en tanto que las experiencias internas de los Planos Mentales puede decirse que son una pesadilla espiritual de anhelo de Unión con Dios. Las experiencias internas terminan en el Divino Despertar.

### 3- Conocimiento Divino

De ser Dios (Brahma Dnyan): es el Conocimiento Infinito propio de Dios. Este es conocimiento del Conocimiento.

Bahaya Dnyan es dominado por muy pocos.

Antar Dnyan es dominado por muy, muy pocos.

Brahma Dnyan es alcanzado por alguien excepcional.

El Brahma-Dnyani es Todo-conocedor y Todo-conocimiento, pues se ha convertido en la Fuente del Conocimiento y es el Conocimiento Mismo.

# 23

# PRESENTACIONES

Por regla general, se requiere una presentación entre personas que no se conocen entre sí. Tal presentación no se siente necesaria cuando hay un intercambio de amor entre las personas, porque los corazones no necesitan presentación. Entre extraños puede sentirse una afinidad, una sensación de haberse conocido anteriormente. Esta sensación se debe a sus conexiones en vidas anteriores.

Nadie requiere una presentación ante mí, ya que nadie es un extraño para mí. Sin embargo, soy un extraño para la mayoría, y quienes vienen y permanecen en mi presencia no lo hacen sin previa presentación. De hecho, han venido con muchas presentaciones, ya que muchas veces en vidas previas me han sido presentados y se han alejado y olvidado de mí y me han encontrado otra vez. Todas estas presentaciones son su presentación ante mí en esta ocasión.

# 24

# DICHOS DE LOS SAHAVAS

El Amor es tal que al amante no es necesario pedirle que haga cosa alguna.

\* \* \*

Amando, su ser entero cambiará y su vida terminará en Libertad.

\* \* \*

El regalo de amor es un raro regalo de Dios, y raramente es uno capaz de recibirlo.

\* \* \*

Dios es infinitamente más vital para vuestra existencia que el aliento, que es la vida misma. Comúnmente, la vida es asociada con el aliento; pero sólo se vuelven conscientes de esto cuando la respiración está restringida por el esfuerzo, y sólo realizan esto completamente cuando la respiración es cortada del todo como al ahogarse. Similarmente, sólo se vuelven conscientes de que Dios es vuestra existencia cuando suspiran por Él, y sólo Lo realizan finalmente cuando se ahogan en Su Océano de Amor divino.

\* \* \*

Es difícil para uno comprender el Sendero Espiritual, y todavía más difícil abordar el Sendero.

\* \* \*

¿Qué es el ayuno de la mente? Es no tener pensamientos. Pero esto es imposible. Pero cuando me confían su mente al recordarme constantemente, no quedan pensamientos de los que la mente se pueda alimentar. Este ayuno es el ayuno verdadero y esencial. Matar de hambre al estómago puede beneficiar a la salud, pero no necesariamente ayuda al avance espiritual.

\* \* \*

Dicen que me ven en sueños. Estos sueños surgen de sus propias impresiones, formadas a través de su amor y fe en mí. No me los atribuyan. He venido entre ustedes para despertarlos del prolongado y duradero Sueño de la Ilusión, ¡no para crearles más sueños!

# 25

## NO SE AUSENTEN

El que tiene ojos pero no ve,
El que tiene oídos pero no oye,
El que tiene lengua pero no habla,
Él Me puede ver como debo ser visto, y Me puede
conocer como debo ser conocido.

Esto no significa que deban volverse inactivos. Por el contrario, significa que deben estar constantemente alerta a la expresiva Belleza del Amado, Todo-penetrante. Sobre esto Hafiz ha dicho, "Si quieres que tu Amado esté presente, no te ausentes ni un momento de Su Presencia".

El Maestro Perfecto está en todo, y es el Centro de todo. Cada uno y cada cosa están por lo tanto equidistantes de Él. Aunque, debido a nuestras propias limitaciones, externamente Él aparenta estar presente en sólo un lugar a la vez, Él está, al mismo tiempo, en cada plano de consciencia a la vez. Verlo a Él como es, es ver a Dios.

Así que cuidado, no sea que cuando el Amado divino toque a la puerta de vuestro corazón, los encuentre ausentes.

# 26

# QUIERAN LO QUE YO QUIERO

Yo Soy Dios, Dios en el Más Allá y Dios en forma humana. Los atraigo cada vez más cerca al brindarles mi compañía en frecuentes ocasiones. Pero la familiaridad a menudo les hace olvidar que Yo soy Dios.

Sé todo lo que sucede y sucederá. Todo lo que sucede, no sucede sin mi voluntad. A sabiendas permito que las cosas sucedan en su curso natural.

Todo lo que les pido es que me amen al máximo y me obedezcan en todo momento. Sabiendo que es imposible para ustedes obedecerme como deberían, les ayudo a realizar incondicionalmente aquello que les doy para hacer, mostrándoles repetidamente la importancia de la obediencia.

Hagan siempre lo que yo quiero, en lugar de querer que yo quiera lo que ustedes quieren. La mayoría de ustedes quiere que yo quiera lo que ustedes quieren; y cuando tienen éxito en lograr que esté de acuerdo con lo que ustedes quieren, están encantados e incluso cuentan a otros que eso es lo que yo quiero. Por ejemplo, uno de ustedes trae ante mí a un joven diciendo: "Baba, este es fulano de tal. Tiene dos títulos universitarios y sería una excelente pareja para mi hija, que también tiene dos títulos universitarios. Necesito tu aprobación". Cuando no apruebo, persisten diciendo: "Pero Baba, realmente es un buen chico y le sentaría muy bien a mi hija". Entonces digo: "¿Es así? Muy bien, ¡aprobado!". Y tan pronto como salen de la habitación comienzan a contar a otros que Yo quiero que su hija se case con ese joven. Este tipo de cosas es común en la mayoría de ustedes. Cuando apruebo lo que quieren hacer, dicen: "Es lo que Baba quiere que haga". Sean honestos y cuidadosos en lo que dicen. Lo que quiero de ustedes es que pongan su mejor esfuerzo en querer lo que Baba quiere.

Sé que no es fácil querer lo que Yo quiero. De hecho, es imposible para ustedes querer lo que Yo quiero, ya que es imposible para ustedes amarme como debo ser amado. Pero al menos no quieran siempre que quiera lo que ustedes quieren, y traten al máximo de poner su corazón y alma en hacer lo que sea que Yo quiera que hagan.

Únicamente el amor intenso hacia mí puede hacer que me obedezcan como Yo quiero que lo hagan.

# 27

## SU REGALO DE OBEDIENCIA

Dejen que su corazón sea puro. No actúen exteriormente lo que no son interiormente. Sean absolutamente honestos. Dios es Honestidad Infinita.

No finjan ser piadosos, porque Dios está en todas partes. Dios no puede ser engañado, entonces ¿por qué simular algo que no son?

No quiero nada más de ustedes sino el regalo de su obediencia. Denme eso y se liberarán de la esclavitud de la ignorancia.

# 28

# LA RESPUESTA DIVINA

En el momento en que tratan de entender a Dios en lugar de amarlo, comienzan a malentenderlo, y su ignorancia alimenta su ego. La mente no puede alcanzar lo que está más allá de ella misma. Dios es infinito y está más allá del alcance de la Mente.

La Voluntad Divina que engendró esta Ilusión infinita se expresa en toda su pureza a través de mí para alejarlos de la Ilusión y encaminarlos hacia la consciencia de Dios.

Cada momento respondo a la creación entera. Mi respuesta, siendo divina, es totalmente de amor. Las múltiples facetas de esa sola respuesta, tal como ustedes las ven, no son sino los reflejos de los múltiples espejos de su mente. Ustedes ven y juzgan mis actos desde su nivel de comprensión e intentan diferenciarlos a la luz de sus propios estándares limitados de valores. Y así malinterpretan los diferentes matices de mi respuesta hacia diferentes personas. Siendo ilimitado, Yo estoy simultáneamente en todos los niveles de consciencia; y, como tal, en mi respuesta diferencio entre uno y otro sólo a la luz de sus impresiones (sanskaras), o de los diferentes estados de consciencia que las impresiones precipitan. Cada acción mía es una respuesta de acuerdo a la necesidad de los receptores en los variados planos de consciencia. Y así por su misma naturaleza y magnitud mi respuesta divina a veces aparenta ser enigmática.

No traten de comprender con su mente limitada el significado de mis acciones, ni traten de imitarlas. No deben hacer lo que hago, sino lo que les digo que hagan. Tratar de situar cada una de mis acciones dentro de la órbita de su comprensión, ¡no es sino entender las limitaciones de su propia comprensión!

A veces, cuando los veo confundidos, mi compasión y amor por ustedes me motiva a dar una explicación de la razón de una acción particular mía. Y así, parece que estoy defendiendo mis acciones, al dar explicaciones por ellas. Y así es mostrada su debilidad y mi fortaleza.

Pero recuerden que aunque explique el significado de mis acciones, permanecerán siempre más allá del alcance de su conocimiento. La simplicidad total de mi Juego divino aparenta ser altamente intrincada tan pronto tratan de comprenderla a través de su intelecto.

Cuanto más gozan de mi compañía y reciben de mi amor con un corazón abierto, más incondicionalmente empiezan a aceptarme. Y cuanto más ven de mí, más se convencen de que me entienden menos y menos. Esforzarse para comprender Mi Juego divino a través del proceso de entendimiento abre vastos campos de especulación en los cuales deambulan y llegan tarde o temprano a un callejón sin salida, encontrándose desesperadamente perdidos.

Si mis acciones causan confusión es por su falta de completa confianza. Por lo tanto arranquen toda duda y recuerden bien que cualquier cosa que Yo haga es lo mejor. Todas mis acciones son mi respuesta divina nacida de mi amor divino.

# 29

# LA MENTE INQUISITIVA

Su amor y su fe los han traído desde cientos de millas para estar conmigo por unas pocas horas. Aunque les envié decir que no deben hacerme preguntas, sé que algunos de ustedes están sólo esperando la oportunidad de preguntar algo. Es la naturaleza de la mente seguir preguntando. Pero el amor no hace preguntas; no busca sino la voluntad del Amado.

La mente quiere saber lo que está más allá de la mente. Para saber lo que está más allá de la mente, la mente debe irse, desvanecerse, sin dejar vestigio alguno de sí misma. Lo humorístico de esto es que, la mente, que es finita, quiere retenerse a sí misma y aun así conocer la Verdad, que es infinita. Esta es la postura de los que buscan la Verdad a través del intelecto. Pocos captan este hecho, y por eso, la mayoría busca a tientas y lucha en vano.

Es fácil hacer preguntas, pero se necesita una preparación anterior para captar lo que explico. Los que tienen la autoridad para preguntar y la capacidad para comprender, no preguntan. Comprenden que Dios es incomprensible y está más allá del alcance de la mente que pregunta.

Todo el mundo quiere ser feliz. Cada uno de ustedes busca la felicidad de una forma u otra y encuentra invariablemente insatisfacción y decepción. En realidad ustedes son la Dicha misma, pero ¡qué comedia representa la Ilusión ante ustedes, qué burla les hace para que sean conscientes de ello!

Uno de mis amantes se ha quejado, "Baba, he llevado una vida pura y aun así he tenido que sufrir mucho".

Quizás otros de ustedes tengan una queja similar; pero sólo pueden tenerla porque no tienen idea del propósito que hay detrás de todo ello. No quiero decir que deban invitar al sufrimiento; quiero decir, no teman al sufrimiento o culpen a nadie por este.

Conforme a la Ley que gobierna el universo, todo sufrimiento es vuestra labor de amor para develar su Ser Real. En comparación con la Dicha Infinita que se experimenta al lograr el estado de Yo-soy-Dios, todo el sufrimiento y agonía por los que se atraviesa equivale prácticamente a nada. Yo soy la Fuente de Dicha Infinita. Para atraerlos a mí y hacerlos darse cuenta que son la Dicha Misma, Yo vengo entre ustedes y sufro agonía infinita.

Yo soy el Antiguo. Cuando digo Yo soy Dios no es porque he pensado en ello y he llegado a la conclusión de que soy Dios, sé que es así. Muchos consideran blasfemia decir que uno es Dios; pero en verdad sería blasfemo para mí decir que no soy Dios.

Cuando ustedes dicen, soy hombre, no es cuestión de posibilidad o probabilidad. No hay duda en su mente. Ninguna corroboración es necesaria y ninguna contradicción podría afectar esto. Es una cuestión de certeza suprema para ustedes. Supongan que pudieran descender al nivel de la consciencia animal conservando al mismo tiempo la consciencia humana. Lo que transmitirían al animal sería, soy un hombre. Soy un hombre y un día tú también serás hombre. He bajado a su nivel de consciencia conservando al mismo tiempo la Consciencia Infinita; y repetidamente les digo que soy Dios para ayudarlos a saber que ustedes también son Dios. Yo soy Dios y cada uno y cada cosa no es sino Dios, y un día cada uno y cada cosa también llegará a ser Dios conscientemente.

El mayor pecado es la hipocresía. El mayor hipócrita es aquel que, siéndolo, pide a otros que no lo sean. Quiero que todos ustedes sean honestos. No deben pretender ser lo que no son.

Uno de ustedes ha dicho, "Baba, cumplo con mi deber honestamente y aun así no soy feliz". ¿A quién se debe culpar por esto? ¿Se aprovecha Dios de mi debilidad? Estoy contento con su franqueza, pero aún deben alcanzar esa honestidad que les mostrará que no pueden culpar a nadie de su condición. Lo que sea que quieran ser, en eso se convierten. No obstante, si quieren culpar a alguien, cúlpenme a mí, ya que de mí ha surgido todo el universo y por eso soy el único que puede ser culpado. Pero no tienen idea alguna de mi amor y compasión que sostiene a vuestro ser. En el amor hay compasión infinita, y todo lo que sucede ya está templado por la compasión. No pueden entender esto a menos que vayan más allá del alcance de la mente.

Si me llegara a aprovechar de sus debilidades sería sólo para su provecho. La debilidad no es sino un grado de fortaleza. Como Vida Infinita, me experimento como todos y todo; disfruto y sufro a través de ustedes para hacerlos conscientes de que son el Infinito.

¿Por qué no habrían de ser felices? ¿Qué necesidad los ata a la infelicidad? La atadura es auto-creada. Puede ser superada si realmente quieren llegar a ser libres. Ustedes son su propio obstáculo para la libertad, y meramente desear la libertad no basta. Lo que importa no es lo que piensan o dicen, sino lo que sinceramente sienten internamente. Si quieren a Dios, deben querer a Dios solamente. Es posible alcanzar a Dios si quieren experimentar la Verdad. Y ¿cuál es el precio? Su propia existencia separada. Cuando entregan toda falsedad, heredan la Verdad que realmente son.

La Verdad está más allá del alcance de la mente. Es una cuestión de experiencia. La mente es muy evasiva y crea innumerables excusas para atraparlos. Los hace decir, no puedo vivir sólo para Dios. Tengo mi deber hacia mi familia, hacia la sociedad, la nación y el mundo. Y así, son atraídos más hacia la ilusión que hacia la Verdad.

La Verdad es simple, pero la Ilusión la hace infinitamente intrincada. Es rara la persona que posee un anhelo insaciable por la Verdad; el resto permite a la Ilusión atarlos siempre más y más. Sólo Dios es Real, y todo lo demás que ven y sienten no es sino una serie de nadas.

Yo soy Conocimiento, Poder y Dicha Infinitos. Puedo hacer a cualquiera comprender a Dios si decido hacerlo. Podrán preguntar, ¿por qué no hacerme comprender a Dios ahora? ¿Pero por qué deberías ser tú? ¿Por qué no la persona que está a tu lado, o aquel hombre en la calle, o aquel pájaro que está en el árbol, o esa piedra que son todos uno en diferentes formas? Cuanto más me amen más pronto desecharán la falsedad bajo la cual han escogido esconderse, que los embauca para creer que son lo que no son. Yo estoy en todo y amo todo por igual. Su amor por mí atravesará su falsedad y los hará comprender el Ser que verdaderamente son.

La mera comprensión intelectual no trae a Dios más cerca de ustedes. Es el amor, no el preguntar, lo que traerá a Dios hacia ustedes. El preguntar alimenta al orgullo y a la separación. Entonces no hagan preguntas, sino esfuércense para convertirse en 'esclavos' del Maestro Perfecto.

Cuando su vida presenta una imagen honesta y sincera de su mente y corazón, tan sólo un abrazo de un Maestro Perfecto bastará para avivar el espíritu. Cuando Yo, el Antiguo, los abrazo, despierto algo dentro de ustedes que crece gradualmente. Es la semilla del Amor que he sembrado. Hay un largo período y una gran distancia entre la germinación de la semilla y su florecimiento y fructificación. En realidad la Meta no está ni lejos ni cerca y no hay distancia que atravesar ni tiempo que contar. En la Eternidad todo es aquí y ahora. Simplemente tienen que volverse lo que son. Ustedes son Dios, la Existencia Infinita.

# 30

## DEL ESTADO DE SUEÑO DESPIERTO AL VERDADERO ESTADO DESPIERTO

La Primera Canción del Infinito es el comienzo de la Creación. Ella es la causa del aparente descenso de lo Infinito al dominio de la múltiple dualidad. La dualidad implica sufrimientos interminables.

Soy eternamente feliz porque sé que soy el Uno Infinito. Sólo Yo existo; no hay nada más que Yo; todo lo demás es Ilusión. Al mismo tiempo, sufro eternamente. Yo, como Yo mismo, soy libre. Pero en ustedes, como ustedes, me encuentro atado. Deliberadamente sufro a través de ustedes, para librarlos de toda atadura. En esto consiste mi crucifixión. Vuestra experiencia del sufrimiento se debe a la mera ignorancia; y vuestra ignorancia es mi sufrimiento.

Están sentados aquí ante mí, afirmando cada uno su existencia separada de la del otro. Proceden de diferentes estratos sociales. Poseen varias aptitudes y habilidades tanto físicas como mentales. Se han individualizado a través de la mente-ego y la Única Alma Indivisible está infinitamente dividida. Pero el Alma nunca llega a dividirse, siempre permanece Una y la Misma.

Ustedes son en realidad el Alma Infinita, pero se identifican con una mente finita y así tienen que sufrir. Tienen sus momentos de alegría y de tristeza. Ya sea que el dolor exceda a sus placeres, o que el placer exceda a sus dolores, ustedes se afligen durante todo el día con una u otra cosa hasta que, llegando la noche, su existencia finita se retira al sueño profundo. Ahí inconscientemente se fusionan con el Infinito.

En el sueño profundo se olvidan completamente de ustedes mismos y de su entorno, así como de los pensamientos y las emociones alrededor de los cuales se disponen las ideas de felicidad y dolor imaginadas por ustedes. Pero esta pausa es breve.

Del estado del sueño profundo vuelven al estado despierto normal, y al volver han de pasar necesariamente por un estado de sueño, aun cuando sea solamente por una fracción de segundo.

Ahora bien, algunas veces tienen un sueño muy dulce y feliz en el que su ideal de felicidad es logrado. Pero al ser un sueño, tan sólo dura un momento, y al despertar se apenan tanto que suspiran: "¡Lástima que fue sólo un sueño!".

Otras veces tienen un sueño horrible en el que experimentan gran sufrimiento. El tiempo parece una eternidad. Al despertar sienten tal alivio que exclaman: "¡Gracias a Dios, después de todo, fue sólo un sueño!".

En el estado de sueño gozan y sufren. Al despertar constatan que su regocijo y sufrimiento no fueron sino un sueño, una ilusión. Pero sepan que su actual estado de consciencia, al que llaman estar despierto, no es nada más que un estado de sueño en comparación con el Verdadero Estado Despierto. Su vida es un sueño dentro del magno Sueño de Dios que es el Universo.

Desde su actual estado de sueño despierto, tienen que pasar por muchos sueños de muertes hasta establecerse en el Verdadero Estado Despierto. Después del sueño ordinario despiertan en el mismo entorno; después de la muerte alcanzan uno nuevo. Pero esto no acarrea el fin del sufrimiento, ya que el Hilo de la Acción (Karma) continúa sin romperse e infaliblemente sigue determinando su vida. Lo cómico de todo esto es que nuevos entornos crean nuevas aflicciones. La garra de la ilusión es tan fuerte y engañosa que no pueden dejar de afligirse. De este modo, su vida en el estado de sueño despierto se torna en una cadena de sufrimiento interminable.

Como cuerpo denso, ustedes nacen una y otra vez hasta darse cuenta de su Ser Verdadero. Como mente, nacen y mueren sólo una vez; en este sentido no reencarnan. El cuerpo denso continúa cambiando, pero la mente (cuerpo mental) permanece como tal durante todo el proceso. Todas las impresiones (sanskaras) están almacenadas en la mente. Las impresiones deberán ser gastadas o contrarrestadas por nuevo karma en sucesivas encarnaciones. La rueda de Buda denota el ciclo de nacimientos y muertes. La rueda prosigue en su incesante girar. Los eleva hasta las cumbres; los sumerge a los abismos.

Para mostrarles cómo el karma persiste como eslabón de conexión y como factor determinante de las futuras vidas, les doy un ejemplo. Un rey tiene vastas posesiones. Pero es un rey indigno. Malgasta todas sus energías y su fortuna en fines egoístas y en ostentaciones, sin cuidar de sus súbditos. En su siguiente nacimiento nace ciego y se convierte en mendigo, compensando así su mal obrar.

El rey tiene un sirviente honrado, leal y buen trabajador. En su siguiente nacimiento, por sus méritos, nace en una familia culta y próspera. Cierto día, mientras camina por la calle escucha un grito lastimero que proviene de la acera. Procede del mendigo ciego, que había sido rey en su vida anterior y que ahora implora fuertemente extendiendo las manos: "¡Tengan piedad, denme una moneda por amor de Dios!". Y puesto que todas las acciones, por triviales que sean, están interiormente determinadas por los lazos sanskáricos, creando demandas y contra-demandas, el hombre rico es atraído inconscientemente hacia el mendigo y le da unas cuantas monedas de cobre. Un rey implorando limosna y un sirviente apiadándose de él. ¡Qué comedia, qué ironía del destino! Esta es la labor de la ley del karma, la expresión de la justicia en el mundo de los valores. La ley del karma es imparcial e inexorable. No sabe de concesiones, no otorga preferencias, no hace excepciones. Administra justicia.

Por la ley divina están protegidos del recuerdo de vidas pasadas, ya que este no los ayudaría a vivir su vida presente, sino que la haría infinitamente más complicada y confusa.

Para mí, el 'pasado' no existe. Yo vivo en el Eterno Presente. Veo claramente sus vidas pasadas con todas sus íntimas e intrincadas relaciones con un gran número de individuos. Sus variadas reacciones con otros, vistas en el contexto de sus mutuas conexiones en vidas previas, me sirven como un gran chiste y ayudan a aliviar mi carga de sufrimiento.

Ahora, les doy otro ejemplo. No es un suceso infrecuente. Un musulmán, después de morir, es enterrado en un cementerio. Después de varias encarnaciones nace de nuevo en una familia musulmana de la misma ciudad. Es costumbre entre los musulmanes ofrecer oraciones por los muertos cuando visitan las tumbas, rezar a Dios Todopoderoso por la salvación de los fallecidos. Y así, ocurre que aquel hombre se detiene frente a su propia tumba y ora solemnemente: "¡Pueda Dios salvar su alma!". ¡Qué absurdo! ¡Qué patético!

La rueda de nacimientos y muertes gira incesantemente. Ustedes han nacido como hombre y como mujer; ricos y pobres; brillantes y torpes; sanos y enfermos; negros y blancos; han tenido diferentes nacionalidades y diferentes credos, conforme a su inherente e imperativa necesidad de tener esa riqueza de experiencias, que ayuda a trascender todas las formas de dualidad. Al lado de la experiencia, el pago y el cobro de las deudas kármicas se perpetúan ad infinitum. ¿Cómo pueden saldar la cuenta? El Avatar, o el Sadguru, teniendo Mente universal, literalmente incorpora la vida universal. Es a través de Él que ustedes se liberan de esta sujeción del karma.

La vida de todos y de cada uno, es un libro abierto para mí. Es como la proyección de una película que disfruto a mi propia costa. Soy el único Productor de esta cambiante e interminable película llamada universo, en la cual Yo me vuelvo ustedes en su estado de sueño despierto, con el objeto de despertarlos al Verdadero Estado Despierto. Cuando tengan la experiencia de tal estado, se darán cuenta de la nulidad que era el estado de sueño despierto que experimentan ahora. Esto necesita mi Gracia. Cuando mi Gracia desciende los convierte en Mí Mismo.

# 31

## YO SOY CONSCIENCIA INFINITA

Sepan que soy el Antiguo. No lo duden ni por un momento. No hay ninguna posibilidad de que Yo sea otro. No soy este cuerpo que ustedes ven. Es tan sólo una vestimenta que me pongo cuando los visito. Yo soy Consciencia Infinita. Me siento junto a ustedes, juego y me río con ustedes; pero simultáneamente estoy trabajando en todos los planos de la existencia.

Ante mí hay santos y santos perfectos y maestros de las primeras etapas del camino espiritual. Todos ellos son distintas formas de mí. Yo soy la Raíz de cada uno y de todas las cosas. Un número infinito de ramas surge de mí. Trabajo a través de ustedes, y sufro en y por cada uno de ustedes.

Mi dicha y mi sentido del humor infinito me sostienen en mi sufrimiento. Los incidentes divertidos que suceden a costa de nadie aligeran mi carga.

Piensen en mí; permanezcan alegres en todas sus pruebas y Yo estoy con ustedes ayudándolos.

# 32

# YO SOY LA CANCIÓN

Mi inigualable experiencia del Estado del Más Allá es tan particular que Yo experimento simultáneamente ser todo y más allá de todo. Yo soy la canción, su letra y su melodía, y soy el cantante. Soy los instrumentos musicales y los intérpretes y los oyentes. Y en su nivel, les explico el significado de lo que Yo, el cantante, canto.

# 33
## CONOCIMIENTO INFINITO

No puede haber nada oculto para Quien está presente en todas partes, ya que Él está en todas partes. Y naturalmente se deduce que como nada puede ocultarse de Él, también debe ser Omnisciente, al conocer todo.

El Conocer-infinito es 'ver' todo en un solo y mismo momento, y verlo AHORA. Es ese Conocimiento que no comienza y no termina; que es indivisible y continuo, y al cual nada puede ser añadido y del cual nada puede ser substraído.

Es ese Conocimiento el que hace a Dios, en este momento, conocer lo que conoció, cuando ocurrió, hace incontables eones, y lo hace conocer lo que ocurrirá dentro de incontables eones; es ese Conocimiento que hace todo conocido a Dios simultáneamente y AHORA. Es el Conocimiento de los Maestros Perfectos y del Avatar.

En términos más simples para ustedes, significa que lo que saben como individuos en este momento, Yo lo sabía eones atrás, y lo que como individuos, en eras por venir, sabrán en determinado momento, Yo lo sé ahora.

# 34

# EL CUERPO UNIVERSAL

La Imaginación de Dios engendra la Mente Universal, la Energía Universal y el Cuerpo Universal, en los que están contenidos las mentes individuales, las energías individuales y los cuerpos individuales de cada cosa y de cada ser de la Creación.

La Mente Universal, la Energía Universal y el Cuerpo Universal son debido a la existencia de la Imaginación de Dios, la cual existe como No-existencia dentro de la Infinita, Eterna y Todo-penetrante EXISTENCIA (Dios).

Mentes individuales, energías individuales y cuerpos individuales no tienen existencia en sí mismos, sino que existen sólo como efectos en la No-existencia existente.

En mi Cuerpo Universal están contenidos todos los cuerpos densos de todos los innumerables seres y cosas de la Creación. Los cuerpos sutiles individuales (energías) y los cuerpos mentales individuales (mentes) son parte de mi Energía Universal y de mi Mente Universal. Tanto en la Energía Universal como en la Mente Universal no hay divisiones.

En el océano, la distancia entre esta gota y aquella no crea ninguna diferencia en la relación de cada gota con el océano. Cualquier gota dentro del océano está dentro de la totalidad y homogeneidad del océano.

No hay divisiones en Paramatma; sólo el Único Océano Indivisible de la Realidad existe como Existencia Eterna.

# 35

## SABER TODO EN UN INSTANTE

¿Cómo es que Yo lo sé todo? La naturaleza del fenómeno infinitamente complicado –el Universo– es infinitamente simple. Pero saber y entender esto es infinitamente difícil. Cuando ustedes sepan lo que la Mente Universal, la Energía Universal y el Cuerpo Universal son, así como su relación con la mente individual, la energía individual y el cuerpo individual, entenderán cómo el Maestro Perfecto sabe todo.

Este Conocimiento omnicomprensivo se obtiene en un instante. Pero saberlo todo en un instante ocupa una eternidad en la ilusión del tiempo, mientras gradualmente vas muriendo a tu propio ser. Este morir a tu ser significa perderte completamente a ti mismo en Dios para encontrar tu Ser como Dios.

No es tarea fácil morir a vuestro falso ser; en comparación, devolver un cadáver a la vida es un juego de niños.

# 36

## SABER Y NO SABER

Al Yo ser el altísimo y el más bajo, manifiesto Cono-cimiento y asumo ignorancia al mismo tiempo.

Aun cuando sé que algo va a suceder dentro de un mes, puedo hacer planes como si no fuese a ocurrir en años. Asimismo, sabiendo que determinado evento no tendrá lugar en años, aparento esperar que pronto ocurrirá.

En Dnyan (Conocimiento) existe Adnyan (No-conocimiento o Ignorancia). Pero en Adnyan no puede haber Dnyan. Teniendo conocimiento absoluto en el más alto nivel, puedo asumir completa ignorancia al nivel de ustedes. En efecto, soy Conocimiento Infinito, y como tal sé lo que ocurrirá incluso después de cientos de años, aun así, profeso ignorancia mientras estoy en su nivel.

Aun en el plano denso y en circunstancias ordinarias, el conocimiento y la ignorancia pueden manifestarse simultáneamente. Por ejemplo dicen: no sé nadar. Esto implica que saben que no saben nadar. Si no supieran que no saben, no podrían tener este entendimiento. Esto es el 'conocimiento de la ignorancia'.

De la misma forma, Yo, que soy el Conocimiento mismo, manifiesto la ignorancia del conocimiento. Sabiendo todo, simultáneamente aparento no saber.

# 37

## VOLUNTAD Y PREOCUPACIÓN

La dualidad implica separación. La separación causa temor. El temor genera preocupación.

El camino de la Unicidad es el camino a la felicidad; el camino de la multiplicidad es el camino a la preocupación.

Yo soy el Uno que no tiene segundo y así soy eternamente feliz. Ustedes están separados de su Ser, por eso siempre se preocupan.

Para ustedes, lo que ven es absolutamente real; para mí, es absolutamente falso.

Sólo Yo soy Real y mi voluntad gobierna la ilusión cósmica. Es verdad cuando digo que las olas no ondulan y las hojas no se mueven sin mi voluntad.

En el momento en que la intensidad de su fe en mi voluntad alcanza su cenit, le dicen adiós para siempre a la preocupación. Así, todo lo que hayan sufrido y gozado en el pasado, junto con todo lo que puedan experimentar en el futuro, será para ustedes la más amorosa y espontánea expresión de mi voluntad; y nada jamás será capaz de preocuparlos otra vez.

Vivan cada vez más en el Presente que siempre es bello y se extiende más allá de los límites del pasado y del futuro.

Si acaso deben preocuparse, que sea por cómo recordarme constantemente. Esta preocupación vale la pena porque ocasionará el fin de la preocupación.

Piensen en mí cada vez más, y todas sus preocupaciones desaparecerán en la nada que en realidad son. Mi voluntad actúa para despertarlos a esto.

# 38

# LA BROMA EN MI PECHO

Siendo el más Alto de los Altos, soy el Más Sabio de los Sabios; aun así me he permitido realizar un acto tan insensato que ningún tonto haría jamás. ¿Cuál es este acto mío tan insensato? Crear la CREACIÓN.

La Creación es realmente una broma de gran magnitud, pero la risa es a costa mía, y ahora la broma está resultando ser una carga en mi pecho. Algunas veces estoy tan cansado que tengo ganas de dormir por 700 años.

Para el tonto, hacer un acto insensato es lo más natural y fácil. ¡Pero imagínense al Más Sabio empeñándose y extendiéndose para ejecutar un acto que es opuesto a su atributo de Sabiduría! Es por ello que digo que no pueden tener idea de lo que expreso al decir que estoy cansado; está más allá de la comprensión humana.

# 39

# EL SABER

El Sadguru no tiene que saber, Él sabe.
Él sabe que no hay nada que saber.

## PROPÓSITO

Hay algunos que existen para odiar a otros, estar ce-
losos de otros y hacer a otros infelices; y hay algunos que
existen para amar a otros y hacer a otros felices. Quien se
ha vuelto Uno con Dios, existe para todos, tanto buenos
como malos. Y para llegar a ser Uno con Dios, no hay que
renunciar a nada más que al ser de uno mismo.

## SIGNIFICADO

La Comprensión no tiene significado.
El Amor tiene significado.
La Obediencia tiene más significado.
Aferrarse a mi 'daaman'[5]. tiene el mayor significado.

## SUFRIMIENTO

Yo sé tres cosas:
Soy el Avatar en todo el sentido de la palabra.
Todo lo que hago es la expresión de mi amor sin límites.
Sufro infinita agonía eternamente a través de vuestra
ignorancia.

---

5   *"daaman": túnica, manto.*

# 40

# MAYA LA ILUSIONISTA

Maya, la Maestra Ilusionista que produce mundos aparentemente existentes de la Nada, ejecutará su truco maestro de hacer que todo, incluyendo mi salud, energía, palabras y promesas, parezcan volverse contra mí; y la fe y confianza en mí de mis amantes serán probadas al máximo. Pero Maya es impotente para enfrentarse contra mi Trabajo, porque Maya misma es el medio por el que logro los resultados de mi Trabajo.

Al ser el instrumento para el cumplimiento de mi Trabajo, Maya, en efecto, hace todo lo posible para lograr los mejores resultados de este Trabajo. Maya es la sombra infinita de la infinitud de Dios, y de ese modo, al no tener existencia excepto en la no existencia, naturalmente debe ceder paso a la sola y única Realidad, que es Dios. Y entonces Dios se manifiesta en Su gloria.

Cuando el Sol aparece sobre el horizonte, la sombra proyectada por un objeto es mucho más grande que el objeto mismo; pero cuando el Sol está directamente sobre la cabeza, la sombra está bajo los pies, por así decir, del objeto.

En mi presente fase de desamparo y humillación, los rayos del Sol de la Verdad parecen tenues y débiles y la Sombra de Maya, grande. Pero cuando ese Sol esté en su cenit, la Sombra que era proyectada frente al Hombre, y que dominaba su visión y pensamiento, desaparecerá. Esta será la victoria sobre Maya, cuando la ignorancia será disuelta en la gloria de la manifestación de Dios a través de mí.

Mantengan sus rostros hacia el Sol y la sombra de Maya individualizada quedará a sus espaldas, de modo que aún existiendo, no tendrá poder alguno sobre ustedes. Pero si le dan la espalda al Sol, sus sombras estarán ante ustedes y las estarán siguiendo. Aunque por sí solos no pueden deshacerse de sus sombras, si les dan la espalda y mantienen la mirada hacia el Sol, al momento de Su completo ascenso y gloria, sus sombras desaparecerán para siempre.

# 41

# EN LA INTERSECCIÓN
# ENTRE REALIDAD E ILUSIÓN

El tiempo al que he estado haciendo alusión ha llegado. El trabajo universal pesa tremendamente sobre mí. Maya, el principio de la ignorancia, intenta oponerse a mi Trabajo con todo su poder. Por eso, particularmente quienes viven cerca de mí deben estar muy atentos. Conociendo mi amor por ustedes, Maya espera una oportunidad para usar sus debilidades. En el momento que descuidan mis instrucciones el propósito de Maya se cumple. Tengo que sostener una gran lucha con Maya, no para destruirla, sino para hacerlos conscientes de su inexistencia. En el momento en que dejan de obedecerme implícitamente, ella estrecha sus garras sobre ustedes y así abandonan los deberes encomendados. Esto contribuye a mi sufrimiento.

En Dios no hay confusión alguna, Dios es Dicha y Honestidad infinitas. En la Ilusión hay confusión, miseria y caos. Como el eterno Redentor de la humanidad estoy en la intersección entre la Realidad y la Ilusión, experimentando simultáneamente la dicha infinita de la Realidad y el sufrimiento de la Ilusión.

Con la Realidad en una mano y la Ilusión en la otra, constantemente experimento como un tirón de cada lado. Esta es mi crucifixión. Cuando caen presa de las persuasiones de Maya, el tirón de la Ilusión se intensifica y tengo que hacer un esfuerzo para resistirlo y permanecer firme en la intersección. Nunca me suelto de la Realidad. Si el tirón de la Ilusión llega a ser demasiado intenso, mi brazo podrá ser arrancado de su articulación, pero Yo permaneceré donde estoy.

# 42

# UN MOVIMIENTO DE MI CABEZA

La palabra 'qutub' literalmente significa 'pivote' o 'eje'. De esta manera, el Qutub (Maestro Perfecto) es el Eje alrededor del cual todo gira en la Creación; y siendo el CENTRO de todo, todo en cada plano es equidistante de Él.

Toda acción de ustedes, como individuos o puntos aislados en la consciencia situada en diferentes planos, es limitada en expresión y resultado. Como el Centro, cada movimiento mío es ilimitado en su acción y reacción, expresión y resultado.

Por ejemplo, un movimiento de su cabeza en respuesta a diferentes preguntas puede indicar diferentes acciones y estados de ánimo tales como soy feliz, soy miserable, he comido, he descansado, etc. Pero cada movimiento expresa y comunica sólo una cosa a la vez. Mientras que, como el Centro, un movimiento-de-mi-cabeza da origen a una ola de innumerables acciones y reacciones simultáneamente en todos los planos de consciencia.

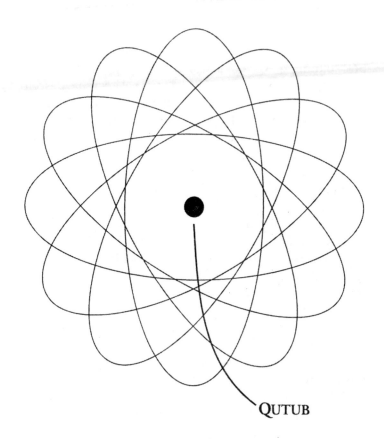

QUTUB

# 43

## JUGUETES EN EL JUEGO DIVINO

Sólo lo Infinito existe y es Real; lo finito es pasajero y falso. El Antojo Original en el Más Allá causó el aparente descenso de lo Infinito al reino de lo aparentemente finito. Este es el Misterio Divino y el Juego Divino en el que la Consciencia Infinita juega perpetuamente en todos los niveles de consciencia finita.

Yo soy la Consciencia Infinita, interpenetrando y trascendiendo todos los estados de consciencia limitada. Las categorías de consciencia, desde las más primitivas hasta las últimas –digamos una piedra y un santo– son equidistantes de mí, de modo que soy igualmente accesible a todos. Yo soy el Camino.

Una firme lealtad al Camino es el remedio real para la enfermedad de una consciencia con impresiones. Algunos de mis amantes, por fluctuaciones de fe, no logran comprender esto y corren de aquí para allá en busca de Libertad. Para mí entonces la cuestión es recuperarlos, y otros se preguntan por qué presto tanta atención a esta gente.

Un niño tiene muchos juguetes y le gusta jugar con algunos más que con otros, y a uno de ellos lo quiere tanto que no lo abandona ni siquiera cuando se va a la cama. Si alguien le arrebata un juguete favorito debe recuperarlo, y si uno se rompe, exige que sea reparado; él no se consolará con otro aunque sea más costoso.

Es lo mismo conmigo. Soy un niño cuyo patio de recreo es el universo. Todos los seres y cosas son mis juguetes en mi Juego Divino, en comparación con mi ser y poder todos son juguetes inanimados, pero son juguetes a los que inspiro con mi amor vital.

Todos son igualmente Yo y resido en cada uno siempre, pero algunos me son más queridos, y si uno de estos me es quitado, debo recuperarlo. Y otros no tienen derecho alguno a preguntarse por qué muestro tanta inclinación por este.

# 44

# SÓLO DIOS ES

La infinita consciencia es infinita. Jamás puede disminuir en ningún punto en el tiempo o en el espacio. Siendo infinita, la consciencia infinita incluye cada aspecto de la consciencia. La inconsciencia es uno de los aspectos de la consciencia infinita. De este modo, la consciencia infinita incluye la inconsciencia. Ella sostiene, cubre, atraviesa y proporciona un fin a la inconsciencia, que brota desde la consciencia infinita y es consumida por ella.

Yo afirmo inequívocamente que soy la consciencia infinita; y puedo hacer esta afirmación porque soy la consciencia infinita. Soy todo y estoy más allá de todo.

Siempre estoy consciente de que soy ustedes, mientras que ustedes nunca están conscientes de que estoy en ustedes. Diariamente los sostengo y comparto su consciencia. Ahora quiero que me sostengan para que un día puedan compartir mi consciencia.

Para el hombre, inconsciente de poseer realmente la experiencia consciente, interminable y continua de que Dios es todo y todo lo demás es nada, todo es todo. El aire es. El agua es. El fuego es. La tierra es. La luz es. La oscuridad es. La piedra es. El hierro es. La vegetación es. El insecto es. El pez es. El pájaro es. El animal es. El hombre es. El bien es. El mal es. El dolor es. El placer es. No hay fin para lo que es, hasta que el hombre concluye que, nada es e instantáneamente se da cuenta de que Dios Es.

No es fácil para el hombre aceptar y seguir aceptando bajo toda circunstancia que Dios es. Aun después de su firme aceptación de que Dios es, le es sumamente difícil, aunque no imposible, realizar lo que ha aceptado firmemente. Y la realización significa que en lugar de estar plenamente consciente de ser hombre, se vuelve plenamente consciente de que es Dios, fue Dios, siempre ha sido Dios y por siempre será Dios.

A sabiendas o no, el hombre siempre está buscando la Meta, que es realizar su verdadero Ser. Lo más cercano e íntimo para el hombre es su Alma, pero curiosamente se siente lejos, muy lejos de Ella. Sus viajes hacia la Meta a través de innumerables caminos y de la vida y la muerte parecen no tener fin, aunque de hecho no hay distancia alguna que recorrer. Habiendo alcanzado consciencia plena como hombre, ya ha llegado a su destino, porque ahora posee la capacidad de volverse plenamente consciente de su Alma. Sin embargo, es incapaz de lograr este destino divino porque su consciencia permanece completamente enfocada sobre su invertido, limitado y finito ser –la Mente– que, irónicamente, ha sido el medio por el cual ha logrado la consciencia.

Antes de poder saber Quién es, el hombre tiene que desaprender la gran cantidad de conocimiento ilusorio que acumuló durante el interminable viaje de la inconsciencia a la consciencia. Es sólo a través del amor que puede empezar a desaprender, y, eventualmente, poner fin a todo aquello que no sabe. Dios-amor penetra toda la ilusión, mientras que ninguna cantidad de ilusión puede ensombrecer a Dios-amor. Comiencen a aprender a amar a Dios empezando por amar a aquellos a quienes no pueden amar. Encontrarán que al servir a otros están sirviéndose a sí mismos. Cuanto más recuerdan a otros con bondad y generosidad, menos se recuerdan a sí mismos; y cuando se olvidan por completo de sí, me encuentran como la Fuente de todo Amor.

Abandonen toda forma de palabrería. Comiencen a practicar lo que verdaderamente sientan que es verdad y justamente es justo. No hagan alarde de su fe y creencias. No tienen que abandonar su religión, sino dejar de aferrarse a la corteza superficial de ritos y ceremonias. Para llegar al corazón fundamental de la Verdad subyacente en todas las religiones, vayan más allá de la religión.

A través de los tiempos el mayor regalo de Dios es continuamente dado en silencio. Pero cuando la humanidad se vuelve completamente sorda al estruendo de Su Silencio, Dios encarna como Hombre. Lo Ilimitado asume la limitación para sacudir a la humanidad estupefacta por Maya hacia la toma de consciencia de su verdadero destino. Él utiliza un cuerpo físico para Su trabajo universal, para descartarlo como sacrificio final tan pronto haya cumplido su propósito.

Dios ha venido una y otra vez en varias Formas, ha hablado una y otra vez con diferentes palabras y en diferentes idiomas la Misma Única Verdad, ¿pero cuántos hay que vivan conforme a esta Verdad? En vez de hacer de la Verdad el aliento vital de su vida, el hombre se conforma, haciendo de ella una religión mecánica una y otra vez, un práctico bastón para recargarse en tiempos de adversidad, un bálsamo calmante para su consciencia o una tradición a seguir. La ineptitud del hombre para vivir las palabras de Dios, hace de ellas una burla. ¿Cuántos cristianos siguen las enseñanzas de Cristo de 'poner la otra mejilla' o 'amar al prójimo como a sí mismo'? ¿Cuántos musulmanes siguen el precepto de Mahoma de 'mantener a Dios por encima de todas las cosas'? ¿Cuántos hindúes 'sostienen la antorcha de la justicia a toda costa'? ¿Cuántos budistas viven la 'vida de pura compasión' expuesta por Buda? ¿Cuántos zoroastrianos 'piensan con verdad, hablan con verdad y actúan con verdad'? La Verdad de Dios no puede ser ignorada. Debido a que el hombre la ignora, se genera una tremenda reacción adversa y el mundo se encuentra en una caldera de sufrimiento por el odio, las ideologías en conflicto y la guerra, así como la rebelión de la naturaleza en forma de inundaciones, hambrunas, terremotos y otros desastres. Finalmente, cuando la marea del sufrimiento se desborda, Dios se manifiesta de nuevo en forma humana para guiar a la humanidad hacia la destrucción del mal que ella misma ha creado, y restablecerla en el Camino de la Verdad.

Mi Silencio y la inminente ruptura de mi Silencio son para salvar a la humanidad de las monumentales fuerzas de la ignorancia, y para cumplir el Plan divino de la unidad universal. La ruptura de mi Silencio revelará al hombre la Unidad universal de Dios, que traerá consigo la fraternidad universal del hombre. Mi Silencio tuvo que ser. La ruptura de mi Silencio tiene que ser, pronto.

# 45

## CONMOCIÓN

Cuando un átomo es 'escindido', se libera una cantidad infinita de energía. De modo semejante, cuando mi Silencio se rompa y Yo pronuncie la PALABRA, infinita sabiduría será liberada.

Cuando una bomba atómica impacta contra la tierra causa una enorme devastación. De modo semejante, cuando la Palabra que pronuncie sacuda al universo, habrá una gran destrucción material; pero también tendrá lugar una conmoción espiritual tremenda.

# 46

## RECORDADO Y OLVIDADO

Fui Rama, fui Krishna, fui Este, fui Aquel, y ahora soy Meher Baba. En esta forma de carne y hueso soy ese mismo Antiguo quien por sí solo es eternamente adorado e ignorado, por siempre recordado y olvidado.

* * *

Soy ese Antiguo cuyo pasado es venerado y recordado, cuyo presente es ignorado y olvidado y cuyo futuro (Advenimiento) es anticipado con gran fervor y anhelo.

# LA PREGUNTA Y SU RESPUESTA

Sólo hay una pregunta. Y una vez que se conoce la respuesta a esa pregunta no hay más que preguntar. Esa única pregunta es la Pregunta Original. Y para esa Pregunta Original hay sólo una Respuesta Final. Pero entre esa Pregunta y su Respuesta hay innumerables falsas respuestas.

Desde las profundidades de la Infinitud interminable surgió la Pregunta: "¿Quién soy?", y para esa Pregunta sólo hay una Respuesta: "¡Yo soy Dios!".

Dios es Infinito; y Su sombra también es infinita. La Realidad es Infinita en su Unicidad; la Ilusión es infinita en su multiplicidad. La única Pregunta que brota de la Unicidad del Infinito vaga a través de un infinito laberinto de respuestas que son ecos distorsionados de Sí Misma resonando desde las formas huecas de la infinita nada.

Hay sólo una Pregunta Original y una Respuesta Original a ella. Entre la Pregunta Original y la Respuesta Original hay innumerables respuestas falsas.

Estas falsas respuestas –tales como soy piedra, soy pájaro, soy animal, soy hombre, soy mujer, soy grande, soy pequeño– son, por turno, recibidas, probadas y desechadas hasta que la Pregunta llega a la correcta y Final Respuesta, "Yo Soy Dios".

# 48

# PORCENTAJES

*Anna-bhumika* = Dios 100%: Divinidad 1% = Inclinación hacia el Ser.

*Prana-bhumika* = Dios 100%: Divinidad 25% = Inspiración acerca del Ser.

*Mana-bhumika* = Dios 100%: Divinidad 50% = Iluminación a través del Ser.

*Vidnyana-bhumika* = Dios 100%: Divinidad 100% = Realización del Ser.

# ATMAS INFINITAS EN PARAMATMA

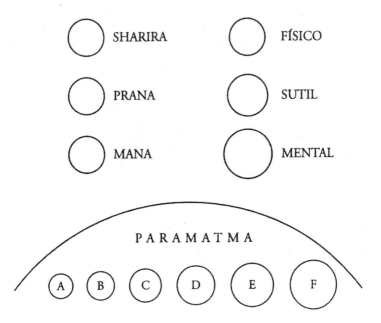

De A a F son todas Atmas en Paramatma.

A es el Atma que no es consciente de Sharira, ni de Prana, ni de Mana, ni de sí misma (ATMA) y no tiene la experiencia de los mundos Denso, Sutil y Mental, ni de Paramatma.

B es el Atma que es consciente de Sharira, pero no de Prana ni de Mana, ni de Atma. Tiene experiencia del mundo Denso, pero no tiene experiencia de los mundos Sutil y Mental, ni de Paramatma.

C es el Atma que es consciente de Prana, pero no de Sharira ni de Mana, ni de Atma. Tiene experiencia del mundo Sutil, pero no tiene experiencia de los mundos Denso y Mental, ni de Paramatma.

D es el Atma que es consciente de Mana, pero no es consciente de Sharira ni de Prana, ni de Atma. Tiene experiencia del mundo Mental, pero no tiene experiencia de los mundos Denso y Sutil, ni de Paramatma.

E es el Atma que no es consciente ni de Sharira, ni de Prana, ni de Mana, pero es consciente de Atma. No experimenta los mundos Denso, Sutil y Mental, pero experimenta Paramatma.

F es el Atma que es consciente de Sharira, Prana, y Mana, así como de Atma. Experimenta los mundos Denso, Sutil y Mental, y también Paramatma.

A, B, C y D están en Paramatma, pero no son conscientes de Atma (SER) y no tienen la experiencia de Paramatma.

E y F están asimismo en Paramatma, pero son conscientes de Atma y experimentan Paramatma.

El estado E de Atma es la Meta de las Atmas.

En resumen: A (inconsciente de Sharira, Prana y Mana), a fin de alcanzar el estado de E (también inconsciente de Sharira, Prana y Mana) tiene que pasar necesariamente a través de los estados de B, C y D (conscientes de Sharira, Prana y Mana).

Todas las Atmas están en Paramatma. Paramatma es Infinita.

En la Infinita Paramatma hay infinitas Atmas. Por consiguiente:

A es eternamente infinito.

B es innumerable y comprende las manifestaciones densas, desde una partícula de polvo hasta los seres humanos, inclusive.

C comprende un limitado número de Atmas con consciencia sutil.

D comprende unas pocas: las Atmas con consciencia mental.

E comprende aún menos: las Atmas que han realizado a Dios.

F comprende a los Cinco Qutubs, y Jivanmuktas y Paramhansas.

# EL UNO Y EL CERO

EL CERO

EL UNO

0 0 0 0 0 0 0 0 0 0 0

1 R 1
1 E 1
1 A 1
1 L 1
1 I 1
1 D 1
1 A 1
1 D 1

**ILUSIÓN**

Generalmente se habla de Dios como el Uno. Nosotros usamos el término Uno como opuesto a Muchos. Al Uno, lo denominamos REALIDAD o DIOS; a Muchos, los denominamos ILUSIÓN o CREACIÓN.

Sin embargo, estrictamente hablando, ningún número, ni siquiera el uno, puede representar al UNO que es indivisiblemente Uno sin un segundo. Aun llamar 'Uno' a este UNO es incorrecto. No hablamos del Océano como Uno. Es sólo el Océano. El Uno simplemente Es.

El Uno es un todo absoluto y simultáneamente una serie de unos dentro del Uno. La Ilusión es un Cero y simultáneamente una serie de ceros dentro del Cero. Estos ceros no tienen valor, excepto un valor falso según su posición con relación al Uno. De hecho, los ceros no tienen existencia, su existencia es mera apariencia en la Ilusión, el gran Cero.

# 51

# LA ÚNICA VERDADERA
# NADA ORIGINAL

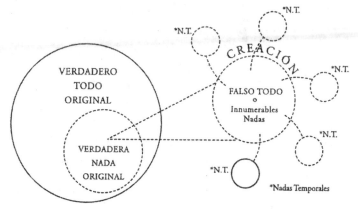

El verdadero Todo Original es Infinito y Eterno. Siendo todo, alberga dentro de sí la Verdadera Nada Original. La Nada es la sombra del Todo.

Siendo la Sustancia (Todo), Infinita y Eterna, su sombra debe ser también infinita y eterna. A veces la sombra parece ser pequeña y a veces parece extenderse en formas inmensas. Pero aun cuando parece haber desaparecido, está todavía latente dentro de la Sustancia.

Desde la Nada contenida dentro del Todo se proyecta la infinita y eterna Nada, la Creación, o Falso Todo.

El Verdadero Todo Original es Uno, Infinito y Eterno. La Verdadera Nada Original, al estar en el Verdadero Todo, es también una, infinita y eterna. Pero el Falso Todo que se proyecta desde la Verdadera Nada, es innata y eternamente dual, al comprender innumerables nadas o a todas las cosas en la Creación.

Dentro de estas nadas hay innumerables nadas temporales, tales como: ¿Qué te pasa? Nada. ¿Qué comiste? Nada. ¿Qué tienes en la mano? Nada. ¿Qué ves? Nada. De este modo no hay fin a las acciones y reacciones de la experiencia de la Nada por las innumerables nadas del Falso Todo, las cuales son proyectadas desde la Única Verdadera NADA Original que es infinita.

El Verdadero TODO Original es Infinito y Eterno; en él está la Verdadera NADA Original. Innumerables nadas se manifiestan desde la Única Verdadera NADA Original. Y desde estas nadas hay un continuo flujo de nadas temporales. De tal modo, dentro de la Única Verdadera NADA Original están las nadas y las nadas de nada. Cuando se comparan estas nadas con la Única Verdadera NADA Original, en verdad son nada.

La NADA está en el TODO; el TODO no sería una completa totalidad sin la NADA.

La NADA que está en el TODO engendra a la nada con apariencia de que parece ser todo. Como la NADA es, todo parece ser.

Toda actividad en todas las partes de la creación no es sino un juego del todo y la nada. Cuando hay una cesación completa de esta actividad, la NADA prevalece. Cuando se alcanza esta NADA, se tiene TODO. Entonces, relativamente hablando, la NADA es TODO, mientras que aquello que llamamos todo es nada.

# 52

# EL PROCESO DE LA CREACIÓN

Dios es Infinito y Eterno. Y Su Imaginación también es Infinita y Eterna. La Imaginación de Dios es interminable y la Creación, que es el producto de Su Imaginación, sigue expandiéndose interminablemente. ¿Cómo puede el hombre imaginar esta Imaginación con su imaginar finito? Los más altos vuelos de su imaginación (intelecto) nunca le podrán aportar la más tenue idea de la Imaginación de Dios. Y la Realidad de Dios está aun más allá de esto. Si no pueden siquiera imaginar la Imaginación de Dios, cuánto más infinitamente imposible será sondear Su Realidad.

En lo que se llama espacio, un sinnúmero de universos son continuamente creados, sustentados y destruidos. Este proceso de la creación continúa mientras Dios sigue imaginando. Y cuando la imaginación de Dios se suspende, como en momentos en la Eternidad cuando Dios Se retrae a Su Estado de Sueño Profundo (justo como la imaginación del hombre cesa cuando está en sueño profundo), la Creación es retraída y disuelta (Mahapralaya).

La Creación, la Preservación y la Disolución están basadas en la Ignorancia. De hecho, no existe tal cosa como creación, por lo que la preservación y la disolución en realidad nunca ocurren. El mismo cosmos no tiene otro fundamento salvo el de la Ignorancia.

La Ignorancia cree: El cosmos es una realidad; el nacimiento, la muerte, la vejez, la riqueza, el honor, son reales.

El Conocimiento sabe: El cosmos es un sueño. Sólo Dios es Real.

# 53

# EL SUEÑO DEL MATERIALISMO

La condición del mundo, la discordia y la incertidumbre presentes por doquier, la insatisfacción general y la rebelión contra todas y cada una de las situaciones, muestran que el ideal de perfección material es un sueño vacuo, y prueban la existencia de una Realidad eterna más allá de lo material; porque si esta Realidad no existiese, el aumento de bienestar material de millones de personas que la ciencia ha traído consigo habría producido contento y satisfacción, y la tremenda imaginación que la ciencia ha proyectado en la consciencia general hubiese abierto las puertas de la felicidad. El hombre piensa que nunca han habido tantos logros y tantas promesas de mayores logros como ahora; pero lo cierto es que nunca ha habido tanta desconfianza generalizada y descontento y miseria. Las promesas científicas se han demostrado vacías, y su visión falsa

Sólo la Realidad es real; la única cosa verdadera que puede decirse es, la Realidad existe, y todo lo que no es lo Real no tiene existencia sino como ilusión. En lo más recóndito de su corazón la gente lo sabe, y si bien durante un tiempo se dejan seducir por las falsas promesas de la ilusión tomándolas como reales, nada más que lo Real los puede satisfacer; y acaban hartos de la miseria que el casi ilimitado juego de la falsa imaginación gradualmente trae consigo. Tal es la condición actual de la mayoría de las personas. Aun Yo me encuentro harto y miserable. ¿Por qué he de estar así si Soy libre? Porque, como dijo Buda: "Soy eternamente libre y estoy eternamente atado". Estoy atado a causa de las ataduras de la gente, y hastiado y miserable por su hastío y miseria. Aun los más grandes científicos se quedan consternados ante las áreas de conocimiento que aún están fuera de su alcance; y quedan atónitos frente a lo que sus descubrimientos pueden desencadenar. No pasará mucho tiempo antes de que admitan un completo desconcierto y afirmen la existencia de esta Realidad eterna, a la que los hombres llaman Dios, y que es inaccesible a través del intelecto.

El hombre común, aunque está completamente harto de ser estafado del premio que el materialismo promete y parece negar la existencia de Dios y haber perdido la fe en todo, excepto en la ventaja inmediata, en realidad nunca pierde su innata creencia en Dios ni su fe en la Realidad que está más allá de la ilusión del momento. Su aparente duda y pérdida de fe se deben sólo a la desesperación de la mente, pero no tocan su corazón. Vean a Pedro. Negó a Cristo. La desesperación hizo que su mente negara, pero en su corazón sabía que Cristo era Quien era. El hombre común nunca pierde la fe. Es como quien escala una montaña hasta cierta altura, y al sentir frío y dificultad para respirar, regresa al pie de la montaña. Pero la mente científica sigue subiendo la montaña hasta que su corazón se congela y muere. Pero esta mente se tambalea de tal forma ante la vastedad de lo que aún queda fuera de su alcance, que se verá forzada a admitir la futilidad de su búsqueda y a volverse hacia Dios, la Realidad.

# 54

# EL AHORA

Los astrónomos hablan del tiempo en término de billones, trillones y eones de años. Aun estas cifras no son adecuadas para sus cálculos matemáticos, y posiblemente necesitarán acuñar nuevos términos.

Si Yo intentara explicar en términos astronómicos el comienzo y el fin del tiempo, esto nunca alcanzaría a describir el comienzo y el fin del tiempo en la Eternidad.

Siempre hay un 'antes' y siempre hay un 'después' para todo punto en el tiempo. Los 'ayeres' del pasado y los 'mañanas' del futuro se fusionan en un punto en el tiempo que es el AHORA del momento presente en la Eternidad.

En un vuelo de la imaginación, imaginando el principio y el fin del AHORA del momento presente en la Eternidad, lo más que se puede hacer es añadir o sustraer una medida de tiempo; pero esto no sería más que añadir o quitar ceros. Ninguna fluctuación, incluso de eones de ciclos, en el curso del tiempo, puede dar la más mínima noción de algún principio o fin del AHORA en la Eternidad.

# 55

## ES

En la Realidad hay sólo Uno. En la Ilusión hay muchos. La razón por la cual hay tanta confusión, sobre si hay un Dios o muchos, es porque Dios es tan Infinitamente Uno.

Incluso decir "Hay un Dios" es incorrecto. Dios es tan infinitamente Uno que ni siquiera puede llamársele Uno. Sólo se puede decir "Uno Es". La palabra 'Dios' es simplemente un intento de dar a ese Uno un nombre, pues en realidad Él no tiene nombre. Aun decir que Dios es Uno implica la posibilidad de dos. Decir que hay muchos Dioses es demencia.

Dios es ese 'Uno' interpretando innumerables roles. Por ejemplo, uno de ustedes está sentado con los ojos cerrados y en su imaginación crea innumerables cosas, y por el acto mismo de imaginarlas, las preserva. Luego abre sus ojos y al hacerlo destruye todas las cosas que su imaginación había creado y mantenido juntas. De tal modo la misma persona asume diferentes roles, el de creador, preservador y destructor.

Ahora, otro se encuentra en sueño profundo –que es el Estado Original de Dios– la gente dice que está dormido; pero en el sueño profundo ni siquiera está consciente de sí mismo como él mismo. Cuando despierta, la gente dice que está despierto, y cuando se cepilla los dientes, la gente dice que se está cepillando los dientes. Y cuando es visto caminando, corriendo de un lado a otro, hablando, cantando, etc., está meramente interpretando diferentes roles. No puede ser más que uno, ya que es sólo uno.

Todo lo que podríamos decir es: Dios Es, o, Uno Es.

Hay dos cosas que existen: Uno y Muchos. A Uno le llamamos Dios; a Muchos les llamamos Ilusión. ¿Por qué? Porque en la Realidad sólo Uno Es. Incluso llamar Uno a este Uno es incorrecto: Uno Es.

# LA INDIVIDUALIDAD INFINITA
# AFIRMA LA UNIDAD INDIVISIBLE

No hay cabida para la separación en la vastedad del Océano Infinito de la Unidad Indivisible. ¿Cómo puede haber entonces lugar alguno para la individualidad en la indivisibilidad? En el ilimitado e indivisible Océano de la Realidad, cómo puede haber cabida para que cada gota que ha despertado plenamente a la Realidad, proclame individualmente: ¡Yo Soy el Océano!

En el momento en que la gota ha sido incitada a la consciencia, se aísla en una entidad separada y adquiere una individualidad, un falso estado de Yo-Soy. Este 'yo' ahora despierto está envuelto en una falsedad que crece con cada paso de su consciencia incrementada, en proporción a su campo de impresiones y expresión. Esta falsedad, que en un principio ayuda a la gota a establecer su individualidad en el Océano indivisible, se convierte en el obstáculo perpetuo que impide a la gota conocerse a sí misma como el Océano. El 'yo' tiene que deshacerse de la falsedad antes de poder comprender Quién es en realidad.

Al final del camino, cuando por fin la Meta es alcanzada por la gracia del Maestro Perfecto, esta falsedad es completamente removida y sólo el 'Yo' permanece con el supremo conocimiento de Sí Mismo diciendo: "Mi falsedad se ha ido ¡Yo soy Dios!".

De tal modo, cuando cada gota individual se desprende de su falso conocimiento de ser otra cosa que el Océano, se proclama a sí misma como el Infinito Océano Indivisible. En el instante en que su falsedad, su muy propia falsedad es removida, la gota afirma su Infinita Individualidad. Entonces consciente y continuamente se experimenta a sí misma siendo perenemente sin segundo: el Todopoderoso, Infinito e indivisible Paramatma. Este es el estado de Yo-soy-Dios. Así es como cada Atma, desde el instante en que su consciencia se desprende de la falsedad (es decir, las impresiones) se afirma para siempre como Paramatma, Dios Absoluto.

# TRES CONDICIONES

Dios experimenta tres condiciones de consciencia: (1) Su Estado Original; (2) Desamparo; (3) Omnipotencia.

### EL ESTADO ORIGINAL

En este estado Dios, inconsciente de Su Poder, Dicha y Existencia Infinitos, está perfectamente en paz. Este estado bien puede compararse con el estado de sueño profundo de una persona.

### DESAMPARO

En este estado, Dios tampoco tiene consciencia de ser Infinito, y experimenta el desamparo en forma humana. Está constantemente preocupado por algo. No encuentra paz. Debido a innumerables ansiedades y problemas, trata todo el tiempo de buscar Su estado original. Para hacer esto induce el olvido por medio de intoxicaciones. Quiere olvidar todo. En Su condición de desamparo, Su primera experiencia de olvido tiene un efecto tan grande sobre Él que desea sobre todo regresar nuevamente al olvido que ha experimentado. Trata de recuperar este estado mediante el sueño. De esta forma, dormir se convierte en una necesidad apremiante.

Pero como al dormir está inconsciente, no es capaz de traer Su experiencia de olvido a Su estado de vigilia; y así, no halla solución a Su desamparo.

## Omnipotencia

Su desamparo aumenta día a día. Cuando llega a ser ilimitado finaliza en el estado de Omnipotencia. En este estado, Dios olvida conscientemente haber tenido jamás una individualidad limitada y se conoce a Sí Mismo como Infinita Existencia, Dicha y Omnipotencia.

# 58

# LA VERDAD ES DE DIOS,
# LA LEY ES DE LA ILUSIÓN

Hay dos cosas: Verdad y Ley.

La Verdad pertenece a Dios, la Ley pertenece a la Ilusión.

La Ilusión es infinitamente vasta aunque está gobernada por la Ley. La 'ley de causa y efecto', a la que nadie puede escapar, pertenece a esta Ley.

La Ley es atadura. La Verdad es Libertad.

La Ley sostiene a la Ignorancia. La Verdad sostiene a la Realidad.

La Ley gobierna la imaginación que los ata a la Ilusión.

La Verdad los libera de la Ilusión.

Si bien es la naturaleza de la imaginación vagar desordenadamente, ella está restringida al patrón definido y minuciosamente preciso de las ataduras creadas y sostenidas por la ley de la esclavitud.

En el momento en que el imaginar cesa, las cadenas de la Ley se rompen y se experimenta la Libertad en la realización de la Verdad.

Es imposible para uno superar por sí mismo la operación de la Ley y fundirse en la Verdad. Sólo aquellos que son uno con Dios pueden conducirlos más allá de los límites de la Ley y proporcionarles la experiencia de la Libertad, que es la Verdad.

# 59

# SOMBRAS DEL CONOCIMIENTO, DEL PODER Y DE LA DICHA

Dios tiene tres aspectos Infinitos: Conocimiento, Poder y Dicha. De ellos, el hombre deriva sus tres aspectos finitos de mente, energía y materia.

Los tres aspectos de Dios están entrelazados; la Dicha depende del Poder y el Poder depende del Conocimiento. Similarmente, los tres aspectos del hombre están entrelazados; la materia depende de la energía y la energía depende de la mente.

Como seres humanos, ustedes son una entidad homogénea de estos tres aspectos finitos (mente-energía-materia), que no son sino las sombras de los tres aspectos Infinitos de Dios (Conocimiento-Poder-Dicha).

# 60

# EL MUNDO ES UNA PRISIÓN

El mundo es una prisión en la que el Alma experimenta estar detrás de los barrotes de su cuerpo denso-sutilmental. ¡El Alma, eternamente libre, única Soberana y supremo Señor! La garra de la Ilusión es tan fuerte, que el Alma se experimenta a sí misma como sierva y no como Alma.

La Ilusión representa tan perfectamente el aprisionamiento del Señor e instaura de un modo tan convincente Su esclavitud, que incluso en el momento en que el Maestro Perfecto otorga Su Gracia al Alma, se experimenta a sí misma como si escapara a través de los barrotes de una prisión que nunca existió.

El aparente aprisionamiento del Alma se vuelve tan sofocantemente insoportable que –por la Gracia del Maestro– literalmente se desgarra para liberarse; y el sentimiento de exultación es tan poderoso como lo era su sentimiento de sofocación. La experiencia tanto de aprisionamiento como de liberación es de la Ilusión; pero la experiencia de la Libertad final es de la Realidad. El Alma emancipada experimenta entonces continua y eternamente su propia libertad infinita.

El mundo sólo existe en tanto el Alma experimenta atadura; cuando el Alma se conoce a sí misma como la Realidad, el mundo se desvanece, ya que nunca existió. Y el Alma se experimenta a sí misma siendo Infinita y Eterna.

# 61

# LA AUSENCIA DE PROPÓSITO EN LA EXISTENCIA INFINITA

La Realidad es Existencia infinita y eterna.

La Existencia no tiene propósito en virtud de ser real, infinita y eterna.

La Existencia existe. Siendo Existencia tiene que existir. Por eso la Existencia, la Realidad, no puede tener ningún propósito. Solamente es. Es existente por sí misma.

Todo –las cosas y los seres– en la Existencia tiene un propósito. Todas las cosas y los seres tienen un propósito y deben tener un propósito, o de lo contrario no pueden ser en la existencia como lo que son. Su mero ser en la existencia prueba su propósito; y su sólo propósito al existir es quedar desprovisto de propósito, es decir, alcanzar la ausencia de propósito.

La ausencia de propósito es de la Realidad; tener un propósito es estar perdido en la falsedad.

Todo existe sólo porque tiene un propósito. En el momento en que ese propósito se ha cumplido, todo desaparece y la Existencia es manifestada como Ser existente por sí mismo.

El propósito implica una dirección y, puesto que la Existencia, siendo todo y estando en todas partes, no puede tener dirección alguna, las direcciones deben ser siempre de la nada y no conducir a ninguna parte.

Por consiguiente, tener un propósito es crear una falsa meta.

Sólo el Amor está desprovisto de todo propósito y una chispa de Amor Divino prende fuego a todos los propósitos.

La Meta de la Vida en la Creación es llegar a la ausencia de propósito, que es el estado de la Realidad.

# 62

# LA CONSCIENCIA MENTAL

Quienes están en los planos Mentales no son conscientes de los planos Denso y Sutil ¿Cómo es posible entonces que alguien en el plano Mental pueda hablar, comer, beber, etc., en suma, llevar a cabo acciones iguales a aquellas de un hombre común en el plano Denso?

Es igual que cuando oímos de personas caminando o comiendo, bebiendo, escribiendo, robando y demás mientras duermen, y sin embargo están absolutamente inconscientes de hacer estas acciones densas. No es inusual que una persona hable mientras duerme. Todos a su alrededor pueden oírla hablar dormida, pero la persona misma no se da cuenta ni está consciente de su propio hablar. De igual manera, quienes están en los planos Mentales están totalmente inconscientes de las acciones y esferas densas y sutiles, aunque todas sus acciones densas y sutiles son el resultado de sus pensamientos y sentimientos: las funciones de la Mente.

Quienes están en los planos Mentales, al controlar los pensamientos y consecuentes acciones de otros en los planos Denso y Sutil, son ellos mismos inconscientes de sus propias acciones densas y sutiles. Esto es porque tal cosa como denso o sutil no existe para ellos. Su consciencia está totalmente separada y disociada de las esferas Densa y Sutil. Por ejemplo, un hombre común no puede sino decir que es un hombre, pues se identifica con el cuerpo denso. Es consciente de lo denso y su consciencia de ser está directamente asociada sólo con el cuerpo denso (sharira). Otro, que está en los planos Sutiles, no puede sino identificarse con el cuerpo sutil (prana); mientras aun otro, que está en los planos Mentales no puede sino identificarse con el cuerpo mental (mana). Este atma, siendo 'Mente personificada' del plano Mental, quien como MANA no puede ni en la más remota posibilidad llegar a identificarse con Sharira o Prana, está por completo disociada de los cuerpos denso y sutil y no puede experimentar las esferas Densa y Sutil.

Imaginemos, por ejemplo, a la India representando al mundo Denso, Inglaterra al mundo Sutil y América al mundo Mental. Si A está en la India, tiene plena consciencia de la India y es totalmente No consciente de Inglaterra y América. Cuando A va a Inglaterra, es obvio que ni está en la India ni en América. Ahora está completamente fuera de ambos lugares. Posee plena consciencia como antes, pero esta misma consciencia está ahora absoluta y plenamente en Inglaterra. La India está totalmente fuera de la órbita de su consciencia, mientras que América todavía no ha entrado en ella.

De forma similar, cuando A va a América, no está ni en la India ni en Inglaterra. Ahora está completamente fuera de estos dos lugares. Continúa en posesión de plena consciencia como antes, pero esta misma plena consciencia está ahora absoluta y enteramente en América. La India e Inglaterra están por completo fuera de la órbita de su consciencia.

En otro ejemplo, la consciencia puede ser comparada con la luz de una linterna o antorcha. El área iluminada por la luz de la antorcha representa el plano específico de consciencia. Imaginen tres regiones situadas a creciente distancia de ustedes designadas M, S, y D, para representar los planos Mental, Sutil y Denso; estas están en completa oscuridad, para empezar.

Cuando la luz de la antorcha se dirige sobre la región D (representando al plano Denso), que está lo más lejos de ustedes, esta región queda bajo el foco directo de luz y está plenamente iluminada, con sus alrededores inmediatos en tenue resplandor por el reflejo de esa luz enfocada. Las regiones S y M siguen en completa oscuridad.

Si por fin se hace que esta luz se mueva y se acerque hacia ustedes para enfocarla sobre la región S (representando el plano Sutil), la región D queda en oscuridad total. Ahora sólo S está completamente iluminada, habiendo movido el tenue resplandor del reflejo a la proximidad del área de luz recién enfocada.

Si este enfoque de luz es movido aún más cerca de ustedes hacia M (representando el plano Mental), las dos regiones D y S quedan en oscuridad total. Es ahora M quien recibe el pleno y directo enfoque de luz, y sólo ella está completamente iluminada; mientras que el tenue resplandor del reflejo es automáticamente dirigido alrededor de esta área de luz recién enfocada.

Cuando el enfoque de esta misma luz es por fin dirigido aún más cerca, no sólo hacia ustedes, sino efectivamente SOBRE ustedes, son ustedes mismos los que están plenamente iluminados, y todas las tres regiones, D, S y M están en total oscuridad. Están así plenamente consciente únicamente de su SER. Este enfoque final de la luz (la consciencia) sobre su Ser es la Meta. Esta es la iluminación del Ser, o en otras palabras, el Conocimiento de Dios.

Cualquier acción ejecutada por quien está en los planos Mentales, observada por las atmas de consciencia densa o consciencia sutil, no es sino la manifestación densa o sutil de una acción mental. La acción aparentemente densa que ustedes en el plano Denso ven ejecutada por alguien en el plano Mental, es meramente el modelo de esa función mental traducido sobre la pantalla de su propia consciencia densa. Entonces, quien está en el plano Mental, totalmente disociado de lo denso y lo sutil, No habla, come o bebe en el sentido en que comen, beben y hablan quienes están en el plano Denso, aunque parece hacerlo. Cuando ustedes ven a tal persona comiendo, bebiendo, hablando, etc., no es más que su propia interpretación densa del reflejo de su actividad mental.

Por ejemplo, cuando ven la luna reflejada en un lago, para fines prácticos está en el agua mientras su mirada esté dirigida hacia el lago.

La luna no está en el lago. El reflejo de la luna está en el lago; pero parece como si la luna estuviese en el agua.

Entonces, la consciencia de quien está en los planos Mentales no está aquí. El reflejo de su consciencia está aquí; pero parece como si fuese consciente del plano Denso.

Cuando alguien que está en los planos Mentales realiza una acción, tal acto no puede ser comprendido por ninguno que tenga consciencia sólo de lo sutil o lo denso. El mismo acto es interpretado de modo diferente por quienes están en los planos Sutiles y por quienes están en los planos Densos, a la luz de sus propias consciencias respectivas.

En resumen, la función de la Mente de quien está en los planos Mentales, cuando es recibida por ustedes en el plano Denso, viene a través del canal de su consciencia densa, y llega a ustedes en la forma o movimiento familiar a su grado de consciencia y capacidad de comprensión.

# 63

## EL TRABAJO DEL AVATAR

El Avatar atrae sobre Sí el sufrimiento universal, pero es sostenido bajo tan inmensa carga por Su infinita Dicha y Su infinito sentido del humor. El Avatar es el Eje o Pivote del universo, la Pieza Central de las piedras pulidoras de la evolución, y por eso tiene una responsabilidad hacia todos y todo.

A cada momento en el tiempo es capaz de cumplir separada y conjuntamente los innumerables aspectos de Su deber universal, ya que Sus acciones no están constreñidas en modo alguno por el tiempo y la distancia, ni por el aquí y ahora de los sentidos. Mientras está ocupado en cualquier acción particular en el plano denso, está trabajando simultáneamente en todos los planos interiores. A diferencia de las acciones del hombre común, cada acción del Avatar en el plano denso acarrea un sinnúmero de resultados de largo alcance en los diferentes planos de la consciencia. Su trabajo en los planos interiores se realiza sin esfuerzo y continúa por sí mismo, pero a causa de la propia naturaleza de lo denso, Su trabajo en el plano denso entraña un gran esfuerzo.

Por regla, cada acción de una persona común está motivada por un fin aislado y sirve a un solo propósito; sólo puede acertar en un blanco a la vez y ocasionar un resultado específico. Pero con el Avatar, Él siendo el Centro de cada uno, cualquier acción Suya en el plano denso produce una red de resultados diversos para personas y objetos en todo lugar.

La acción del Avatar en el plano denso es como el encendido de un interruptor principal en una central eléctrica, que inmediata y simultáneamente libera una inmensa fuerza a través de muchos circuitos, poniendo en acción variadas ramas de servicios como fábricas, ventiladores, trenes y trolebuses, e iluminación para ciudades y pueblos.

Una acción física ordinaria del Avatar libera inmensas fuerzas en los planos interiores, y así se convierte en el punto inicial para una cadena de operaciones, cuyas repercusiones e implicaciones se manifiestan en todos los niveles y son universales en alcance y efecto.

Todo en el universo es, y ha sido desde el principio, una materialización del Antojo Original divino cumpliéndose irrevocablemente sin fallo, desvío o decaimiento. Es el desarrollo de la película de la creación en la pantalla de la consciencia, secuencia tras secuencia, según el patrón emitido desde el Antojo Original. No obstante, cuando Dios como Dios-Hombre juega el papel de Espectador, puede alterar o borrar a Su avatárico antojo cualquier cosa o suceso que estuviese predeterminado desde el Antojo Original. Pero el mero surgir del antojo avatárico estaba inherente en el Antojo Original.

Los sufíes distinguen entre Qaza o acontecimientos predeterminados, y Qadar o sucesos que son impulsivos o 'accidentales'. Las acciones del Avatar o del Qutub son impulsivas y surgen de su infinita compasión; y el funcionamiento de este antojo alivia y otorga belleza y encanto a lo que de otra manera sería un rígido determinismo.

Las acciones del Qutub traen consigo modificaciones en el Plan divino previamente determinado, pero son limitadas en su alcance. En cambio las intervenciones del

Avatar traen consigo modificaciones a escala universal. Por ejemplo, supongamos que fue divinamente ordenado que ocurriese una guerra en 1950. Esta debe tener lugar en el momento señalado, y la secuela de eventos que le sigue cumplirá puntualmente con la agenda actual. Sin embargo, si el Avatar está en ese momento en el mundo podría, en Su ejercicio de Qadar evitar la catástrofe mediante alguna acción particular en el plano denso. Y así, en el funcionamiento inexorable de las leyes de la Naturaleza, puede entrar el inexplicable antojo divino, deletreando paz en vez de guerra en el diario del hombre. Kabir ha dicho:

*"Kabir rekha karam kee kabhee na meete Ram*
*Meetanhar samarth hai para samajh kiya hai kam."*

"¡Oh Kabir! Las líneas del destino nunca son borradas
por Rama; Él es Todopoderoso y puede deshacer el destino,
pero nunca lo hace, ya que ha dado plena consideración
a lo que ha planeado."

Por regla general, el Avatar no interfiere en la marcha de los destinos humanos. Lo hará solamente en momentos de extrema necesidad, cuando lo considera absolutamente necesario desde Su punto de vista que lo abarca todo. Porque una simple alteración en el patrón ya planeado e impreso, en el que cada línea y punto es interdependiente, significa una sacudida y un re-enlace de una interminable cadena de posibilidades y eventos. La más mínima divergencia de la línea previamente trazada del Destino, no sólo requiere infinitos ajustes dentro de la órbita inmediata del individuo en cuestión, sino que también involucra en sus interminables repercusiones a todos aquellos que están conectados por las ligaduras de sanskaras pasadas.

El antojo avatárico es también parte del Destino divino. Qaza toma en cuenta la absoluta necesidad de la intervención 'casual' del Avatar, y la misma imprevisibilidad de esta intervención está prevista en Qaza, para que Su compasión infinita, por la que tiene lugar Su intervención, no pueda ser negada.

En el cumplimiento del antojo avatárico no hay el menor elemento de azar. El objetivo de la acción del antojo es perfecto y su resultado es preciso.

El antojo de una persona común, cuando se manifiesta, puede tener consecuencias que lo exceden completamente, como ilustra la siguiente historia.

Un borracho pasaba por un manzano silvestre y tuvo el antojo de saborear uno de sus frutos. Generalmente un borracho tiene aversión por las cosas ácidas o agrias, porque anulan los efectos de la bebida, de modo que el deseo de este hombre por una manzana silvestre era puramente un antojo, independiente del pensamiento o del deseo real. El hombre tomó una piedra y la arrojó contra el árbol. La piedra no alcanzó ningún fruto, mató a un pájaro, ahuyentó a otros muchos y cayó sobre la cabeza de un viajero que descansaba al pie del árbol. De este modo, la expresión fortuita del antojo del borracho no sólo falló en cumplir el antojo, sino que trajo consigo resultados completamente fuera de este. El antojo era simplemente un capricho solitario, y la acción que de él surgió no tenía relación alguna con su objetivo.

Algo así no puede suceder jamás en el ejercicio del antojo del Avatar. Al surgir desde la compasión y la expresión de la Perfección, es perfecto en su objetivo y resultados.

# 64

# PERDONA Y OLVIDA

La gente pide perdón a Dios. Pero, ya que Dios es todo y cada uno, ¿a quién hay que perdonar? El perdón de lo creado ya estaba en Su acto de creación. Pero aun así la gente pide perdón a Dios y Él los perdona. Pero ellos, en lugar de olvidar aquello por lo que han pedido perdón, olvidan que Dios los ha perdonado y recuerdan las cosas que les han sido perdonadas, y así nutren la semilla del mal obrar, y esta produce su fruto de nuevo. Una y otra vez piden perdón, y una y otra vez el Maestro dice, Yo perdono.

Pero es imposible para los hombres olvidar sus malas acciones y los males que otros les han hecho. Y puesto que no pueden olvidar, encuentran difícil perdonar. Pero el perdón es la mejor caridad. (Es fácil dar a los pobres dinero y bienes cuando uno tiene en abundancia, pero perdonar es difícil; no obstante es lo mejor si uno puede hacerlo).

Los hombres, en lugar de tratar de perdonarse los unos a los otros, pelean. Alguna vez lucharon con sus manos y con garrotes. Después con lanzas, arcos y flechas. Luego con armas de fuego y cañones. Entonces inventaron bombas y medios para transportarlas. Hoy en día han desarrollado misiles que pueden destruir a millones de hombres a miles de kilómetros de distancia, y están dispuestos a usarlos. Las armas utilizadas varían, pero el patrón agresivo del ser humano sigue igual.

Ahora los hombres están planeando ir a la Luna. Y el primero en llegar plantará la bandera de su nación sobre ella y esa nación dirá: "Es mía". Pero otra nación le disputará el derecho y entonces lucharán aquí en esta tierra por la posesión de la Luna. Y quien vaya ahí, ¿qué encontrará? Nada, excepto a sí mismo. Y si los hombres llegan a ir a Venus, aun así nada encontrarán sino a sí mismos. Ya sea que los hombres se eleven al espacio exterior o se sumerjan al fondo del océano más profundo, se encontrarán a sí mismos tal como son, sin cambios, porque no se habrán olvidado de sí mismos ni se habrán acordado de ejercer la caridad del perdón.

La supremacía sobre los demás nunca llevará a un hombre a encontrar un cambio en sí mismo; cuanto más grandes son sus conquistas, más contundente es su confirmación de lo que la mente le dice: que no hay otro Dios, más que su propio poder. Y permanece separado de Dios, el Poder Absoluto.

Pero cuando la misma mente le dice que hay algo que puede ser llamado Dios, y, más aún, cuando lo incita a buscar a Dios para poder verlo cara a cara, empieza a olvidarse de sí mismo y a perdonar a otros por lo que ha sufrido por su causa.

Y cuando ha perdonado a todos y se ha olvidado completamente de sí mismo, encuentra que Dios le ha perdonado todo y recuerda Quién es en realidad.

# 65

## IGNORANCIA PERSONIFICADA

Dios es Uno Indivisible, y está indivisiblemente en cada uno y en todo.

¿Qué es entonces lo que causa las aparentes divisiones? No hay divisiones como tales, pero hay una apariencia de separación por la ignorancia. Esto significa que todo deriva de la ignorancia y que cada uno es Ignorancia personificada.

Una gota en el océano no está separada del océano. Es una burbuja sobre la gota la que le da una apariencia de separación, pero cuando la burbuja estalla, la gota no existe, y el indivisible océano es.

Cuando la burbuja de la ignorancia estalla, el ser realiza su unidad con el Ser indivisible.

Las palabras que provienen de la Fuente de la Verdad tienen significado real. Pero cuando el hombre pronuncia estas palabras como propias, las palabras se vuelven insignificantes.

*Las Palabras que provienen de la Fuente de la Verdad tienen significado real. Pero cuando el hombre habla estas palabras como propias, las palabras se vuelven insignificantes.*

# BIOGRAFÍA

Merwan S. Irani, llamado Meher Baba ('El Compasivo') por Sus primeros discípulos, nació en 1894 en Pune, India. Entre los años 1913 y 1921, los cinco Maestros Perfectos, o Sadgurus, de ese tiempo lo guiaron para que conociera Su identidad y misión universal como el Avatar de la Era: el Dios-Hombre, Buda, Cristo. Después de trabajar intensivamente con un grupo íntimo de discípulos por algunos años, Baba empezó a observar silencio en 1925, y a todo lo largo de más de cuatro décadas de Sus actividades espirituales en la Tierra, no pronunció una palabra. Desde Su trabajo en India y Oriente con locos, enfermos, pobres y con almas espiritualmente avanzadas, hasta Su contacto con miles de personas en Occidente, Meher Baba ha despertado a innumerables personas a la búsqueda de una consciencia más elevada y a su propia realidad fundamental.

A través de los años, Meher Baba indicó que el rompimiento de Su Silencio acontecería en una forma y en un tiempo que nadie podría imaginar, y que Su 'pronunciar la Palabra' tras la aparente derrota total sería Su único milagro real en esta encarnación como Dios en forma humana: "Cuando rompa Mi Silencio, el impacto sacudirá al mundo de su letargo espiritual... Lo que sucederá cuando rompa Mi Silencio es lo que nunca ha sucedido antes... El rompimiento de Mi Silencio revelará al hombre la Unidad universal de Dios, que traerá consigo la fraternidad universal del hombre".

Declarando que Su trabajo había sido completado al 100% de Su satisfacción y que los resultados de ese trabajo pronto empezarían a manifestarse, Meher Baba dejó su cuerpo el 31 de enero de 1969.